AF249986

N° 3

PUBLICATIONS

DU

GROUPE DES ÉTUDIANTS COLLECTIVISTES

(Adhérent à l'Agglomération Parisienne du Parti Ouvrier Français)

Siège Social : 36, rue de la Montagne-Sainte-Geneviève

ANARCHISME

ET

SOCIALISME

I — Le Point de vue du Socialisme utopique ;
II — Le Point de vue du Socialisme scientifique ;
III — 1) Développement historique de la doctrine anarchiste ;
    2) Le Point de vue de l'anarchisme :
        MAX STIRNER ; PROUDHON ; BAKOUNINE.
        Les Épigones : KROPOTKINE ; ETIÉVANT ; GRAVE.
    3) La Soi-disant tactique des Anarchistes ; leur morale.

PAR

Georges PLEKHANOFF

Prix : O fr. 30

PARIS

1896

En vente

SOUS LES GALERIES DE L'ODÉON

ERRATA

Un tirage hâtif a laissé non corrigées de nombreuses erreurs. Le lecteur pourra d'ailleurs facilement reconstituer le vrai texte de l'auteur.

LE SOCIALISTE

ORGANE CENTRAL

DU

Parti Ouvrier Français

PARAISSANT LE SAMEDI

ABONNEMENTS :

’E — 3 MOIS : **1 fr. 50**; 6 MOIS : **3 fr** ; 1 AN : **6 fr.**

- 6 MOIS : **4 fr.** ; 1 AN : **8 fr.**

ADMINISTRATION :

ame-de-Laurette, **10**

RIS

ANARCHISME ET SOCIALISME

Par G. PLÉKHANOFF

I

LE POINT DE VUE DU SOCIALISME UTOPIQUE

Les matérialistes français du dix-huitième siècle, tout en menant une guerre sans trêve ni merci contre tous les « *infâmes* » dont le joug pesait sur la France de ce temps-là, ne dédaignaient point les recherches sur ce qu'ils appelaient la *législation parfaite*, c'est-à-dire la meilleure de toutes les législations possibles, une législation telle qu'elle pourrait donner aux « humains » la plus grande somme de félicité, et qui pourrait être appliquée à toutes les sociétés existantes, justement par cela même qu'elle serait une législation *parfaite* et partant la plus « *naturelle* ». Les excursions dans le domaine de la « législation parfaite » occupent une place assez considérable dans les œuvres d'un *Holbach* ou d'un *Helvétius*. D'un autre côté, les socialistes de la première moitié de *notre* siècle s'adonnent avec un zèle énorme, avec une persévérance sans égale, à des recherches sur la meilleure des organisations sociales possibles, sur *une organisation sociale parfaite*. C'est là un trait saillant, caractéristique, qui leur est commun avec les matérialistes français du siècle dernier. C'est ce trait-là qui doit attirer, avant tout, notre attention dans cette étude.

Pour résoudre le problème d'une organisation sociale parfaite, ou ce qui revient au même, de la meilleure de toutes les législations possibles, il faut évidemment posséder un *criterium*, à l'aide duquel nous puissions comparer entre elles les diverses « législations ». Et ce criterium-là, il faut qu'il ait un caractère spécial. Il ne s'agit pas, en effet, d'une « législation » *relativement* meilleure, c'est-à-dire d'une législation *meilleure dans des circonstances données* ; loin de là ! Il nous faut trouver une législation *parfaite*, une législation, dont la perfection n'aurait rien de *relatif*, ne dépendrait en rien du temps et des lieux, serait *absolue*. Force nous est donc de faire abstraction de l'*histoire*, puisque tout est relatif en elle, tout dépend des circonstances de temps et de lieu. Mais, abstraction faite de l'histoire, de l'humanité, qu'est-ce qui nous reste pour nous guider dans nos recherches « législatives ? » Il nous reste l'humanité : *l'homme en général, la nature humaine*, dont l'histoire n'est que la manifestation. Voilà notre criterium bien déterminé. Une législation parfaite, la meilleure

LE SOCIALISTE

ORGANE CENTRAL

DU

Parti Ouvrier Français

PARAISSANT LE SAMEDI

ABONNEMENTS :

...E — 3 MOIS : 1 fr. 50 ; 6 MOIS : 3 fr ; 1 AN : 6 fr.

— 6 MOIS : 4 fr. ; 1 AN : 8 fr.

ADMINISTRATION :

...ame-de-Laurette, 10

...RIS

ANARCHISME ET SOCIALISME

Par G. PLÉKHANOFF

I

LE POINT DE VUE DU SOCIALISME UTOPIQUE

Les matérialistes français du dix-huitième siècle, tout en menant une guerre sans trêve ni merci contre tous les « *infâmes* » dont le joug pesait sur la France de ce temps-là, ne dédaignaient point les recherches sur ce qu'ils appelaient la *législation parfaite*, c'est-à-dire la meilleure de toutes les législations possibles, une législation telle qu'elle pourrait donner aux « humains » la plus grande somme de félicité, et qui pourrait être appliquée à toutes les sociétés existantes, justement par cela même qu'elle serait une législation *parfaite* et partant la plus « *naturelle* ». Les excursions dans le domaine de la « législation parfaite » occupent une place assez considérable dans les œuvres d'un *Holbach* ou d'un *Helvétius*. D'un autre côté, les socialistes de la première moitié de *notre* siècle s'adonnent avec un zèle énorme, avec une persévérance sans égale, à des recherches sur la meilleure des organisations sociales possibles, sur *une organisation sociale parfaite*. C'est là un trait saillant, caractéristique, qui leur est commun avec les matérialistes français du siècle dernier. C'est ce trait-là qui doit attirer, avant tout, notre attention dans cette étude.

Pour résoudre le problème d'une organisation sociale parfaite, ou ce qui revient au même, de la meilleure de toutes les législations possibles, il faut évidemment posséder un *criterium*, à l'aide duquel nous puissions comparer entre elles les diverses « législations ». Et ce criterium-là, il faut qu'il ait un caractère spécial. Il ne s'agit pas, en effet, d'une « législation » *relativement* meilleure, c'est-à-dire d'une législation *meilleure dans des circonstances données* ; loin de là ! Il nous faut trouver une législation *parfaite*, une législation, dont la perfection n'aurait rien de *relatif*, ne dépendrait en rien du temps et des lieux, serait *absolue*. Force nous est donc de faire abstraction de l'*histoire*, puisque tout est relatif en elle, tout dépend des circonstances de temps et de lieu. Mais, abstraction faite de l'histoire, de l'humanité, qu'est-ce qui nous reste pour nous guider dans nos recherches « législatives ? » Il nous reste l'humanité ; l'*homme en général, la nature humaine*, dont l'histoire n'est que la manifestation. Voilà notre critérium bien déterminé. Une législation parfaite, la meilleure de toutes les législations possibles, est celle qui correspond le mieux à la nature humaine. Il se peut bien que, même en possédant un pareil critérium, nous ne réussissions pas, faute des « *lumières* » ou de *logique*, à résoudre le problème de la meilleure législation : *errare humanum est ;* mais il paraît bien incontestable que ce problème-là *puisse* être résolu, qu'on *puisse*, en s'appuyant sur la connaissance exacte de la nature humaine, trouver une législation, une organisation sociale parfaite.

Tel était, dans la science sociale, le point de vue des matérialistes français. L'homme est un être sensible et raisonnable, disaient-ils ; il fuit les sensations douloureuses, il recherche les sensations agréables. Il a assez d'intelligence pour pouvoir reconnaître ce qui lui est utile, comme également ce qui lui est nuisible. Dès que vous reconnaissez ces axiomes, vous pouvez, la réflexion et la bonne volonté aidant, arriver dans vos considérations sur la meilleure législation à des conclusions aussi bien fondées, aussi rigoureuses, aussi indiscutables que celles que donne la démonstration mathématique. Ainsi *Condorcet* se faisait fort de construire déductivement tous les préceptes de la saine morale, en partant de cette vérité que l'homme est un être sensible et raisonnable.

Il est presque inutile de dire qu'en cela Condorcet se trompait. Si les « philosophes » arrivèrent, dans cette branche de recherches, à des conclusions d'une valeur incontestable, quoique *très relative*, ils le devaient à ce que, sans s'en apercevoir, ils quittaient à tout moment leur point de vue abstrait de la *nature humaine en général* et se plaçaient à celui de la *nature d'un homme du Tiers-Etat plus ou moins idéalisé*. Cet homme-là « sentait » et « raisonnait » d'une façon très nettement déterminée par son milieu social. Il était de sa « nature » de tenir fermement à la propriété bourgeoise, au gouvernement représentatif, à la liberté du commerce (laissez faire ! laissez passer ! s'écriait sans cesse la « nature » de cet homme), et ainsi de suite. En réalité, les philosophes français avaient toujours en vue les besoins économiques et politiques du Tiers-Etat : c'était là leur véritable criterium. Mais, ils s'en servaient d'une *façon inconsciente*, et c'était par un long détour sur le champ de l'abstraction qu'ils arrivaient jusqu'à lui. Leur procédé *conscient* se réduisait toujours à des considérations abstraites sur « *la nature humaine* » et sur les institutions sociales et politiques qui correspondent le mieux à cette nature.

Ce procédé était aussi celui des socialistes. Homme du dix-huitième siècle, *Morelly*, « pour prévenir une foule de vaines objections qui ne finiraient point », pose comme principe incontestable « que dans l'ordre moral, la nature est une, constante, invariable... que ses lois ne changent point » et que « tout ce qu'on peut alléguer de la variété des mœurs des peuples sauvages ou policés ne prouve point que la nature varie », que cela montre tout au plus « que par des accidents qui lui sont étrangers, quelques nations sont sorties de ses règles ; d'autres y sont restées soumises, à certains égards, par pure habitude ; d'autres, enfin, y sont assujetties par quelques lois raisonnées qui ne contredisent pas toujours cette « nature », enfin que « *l'homme quitte le vrai, mais le vrai ne s'anéantit point* » (1). Fourier s'appuie sur l'analyse des passions humaines ; *R. Owen* prend pour point de départ certaines considérations sur la formation du caractère humain ; *Saint-Simon*, qui a déjà une si grande compréhension de *l'évolution historique* de l'humanité, revient toujours à *la nature humaine* pour s'expliquer les lois de cette évolution ; les *saint-simoniens* déclarent que leur philosophie est « basée *sur une nouvelle conception de la nature humaine* » (1). Les socialistes des diverses écoles ont beau se combattre à cause de la dissemblance de leurs conceptions de la nature humaine; tous sans exception aucune, ils sont persuadés que la science sociale n'a point , qu'elle *ne peut point* avoir d'autre base qu'une notion adéquate de cette nature. Ici, ils ne diffèrent en rien des matérialistes du dix-huitième siècle. La nature humaine est leur criterium invariable dans leur critique de la Société existante et dans leurs recherches sur l'organisation sociale comme elle devrait être, d'une législation parfaite.

Morelly, Fourier, Saint-Simon, Owen, nous les considérons tous maintenant comme des socialistes-*utopistes*. Puisque nous connaissons le point de vue général qui leur était commun à tous, nous pouvons nous rendre un compte exact de ce que c'est que *le point de vue utopiste*. Ce sera d'autant plus utile que, surtout parmi les adversaires du socialisme, on emploie cette expression : *utopiste*, sans lui attacher une signification tant soit peu précise.

Est utopiste quiconque recherche une organisation sociale parfaite en partant d'un principe abstrait.

Le principe abstrait, ayant servi de base aux recherches des utopistes, était celui *de la nature humaine*. D'ailleurs il y eu des utopistes qui se servaient de ce principe *indirectement, par l'intermédiaire de notions dérivées de lui*. On peut, par exemple, en recherchant une « législation parfaite », une organisation idéale de la société, prendre pour point de départ la notion des *droits de l'homme*. Mais il est évident que cette notion dérive en dernière analyse de celle de la nature humaine.

Il est également évident qu'on peut être *utopiste* sans être *socialiste*. Les tendances bourgeoises des matérialistes français du siècle dernier se font jour surtout dans leurs considérations sur une législation parfaite. Mais cela ne détruit en rien le *caractère utopiste* de ces recherches. Nous avons vu que le procédé des socialistes utopistes ne diffère point de celui de Holbach ou d'Helvétius, ces champions de la bourgeoisie française révolutionnaire.

Il y a plus que cela. On peut bien dédaigner tout rêve d'avenir, on peut être convaincu que le monde social, où l'on a le bonheur de vivre, est le meilleur des mondes sociaux possibles, et

____

(1) Voir le *Code de la Nature* , Paris, 1841 (édition de Villegardelle), page 66, note.

malgré tout cela on peut envisager la structure et la vie du corps social *de ce même point de vue d'où les envisageaient les utopistes.*

Cela paraît paradoxal, et pourtant rien n'est plus vrai. Un exemple pour le prouver.

En 1753 parut l'œuvre de Morelly ayant pour titre : « *Les Iles flottantes ou la Basiliade du célèbre Pilpaï, traduit de l'indien* ». Voici à l'aide de quels arguments une revue de ce temps « *La Bibliothèque Impartiale* » combattait les idées communistes de l'auteur :

« On sait assez combien il y a de distance entre les plus belles spéculations de cet ordre et la possibilité de l'exécution ; c'est que dans la théorie on prend des hommes imaginaires qui se prêtent avec docilité à tous les arrangements, et qui secondent, avec un zèle égal, les vues du législateur ; mais dès qu'on veut réaliser les choses, il faut se servir des hommes tels qu'ils sont, c'est-à-dire indociles, paresseux, ou bien livrés à la fougue de quelque violente passion. Le projet d'égalité est, en particulier, un de ceux qui paraissent les plus répugnants au caractère des hommes : ils naissent pour commander ou pour servir : un état mitoyen leur est à charge ».

Les hommes naissent pour commander ou pour servir. Il n'y a donc pas lieu de s'étonner si, dans la société, nous voyons des maîtres et des serviteurs : c'est la *nature humaine* qui le veut ainsi. La « *Bibliothèque Impartiale* » avait beau repousser « les spéculations » communistes, le point de vue d'où elle regardait les phénomènes sociaux — *le point de vue de la nature humaine* — lui était commun avec l'*utopiste Morelly.*

Et qu'on ne nous dise pas que cette revue n'était probablement pas sincère dans son argumentation, qu'elle en appelait à la nature humaine dans l'unique but de dire quelque chose en faveur des exploiteurs, en faveur de ceux qui « commandent ». Sincère ou hypocrite, la « *Bibliothèque Impartiale* » se plaçait, dans sa critique de Morelly, au point de vue commun à tous les écrivains de ce temps-là ; tous, ils en appelaient à la nature humaine, conçue de telle ou telle manière, excepté les retardataires qui, ombres vivantes du temps passé, continuaient à *en appeler à la volonté de Dieu.*

Le point de vue de la nature humaine, le dix-neuvième siècle en a hérité, comme nous le savons, de son prédécesseur : *les socialistes utopistes* n'en avaient point d'autre.

L'exemple de Saint-Simon, homme génial d'un savoir encyclopédique, montre, peut-être plus clairement que tout autre, à quel point borné et insuffisant était ce point de vue et dans quel inextricable dédale de contradictions il amenait tous ceux qui s'en servaient. Saint-Simon nous dit, avec la conviction la plus profonde : « L'avenir se compose des derniers termes d'une série dont les premiers constituent le passé. Quand on a bien étudié les premiers termes d'une série, il est facile de poser les suivants ; ainsi, *du passé bien observé on peut facilement déduire l'avenir.* » C'est tellement vrai qu'au premier moment on se demande : pourquoi donc range-t-on parmi les *utopistes* un homme qui avait une idée si claire du lien qui rattache ensemble les diverses phases de l'évolution historique ! Cependant, faites une connaissance plus familière avec les idées historiques de Saint-Simon, et vous verrez que ce n'est pas à tort qu'on l'appelle *utopiste*. L'avenir se déduit du passé, l'évolution historique de l'humanité est un processus conforme à des lois. Mais quel est ce mobile, cette force qui fait mouvoir l'espèce humaine, qui la fait passer d'une phase de son évolution à l'autre ? En quoi peut-elle consister ? De quel côté faut-il la chercher ? *C'est ici que Saint-Simon revient au point de vue de tous les utopistes, au point de vue de la nature humaine.* Ainsi, selon lui, la Révolution française avait pour cause fondamentale le changement des forces qui s'était opéré au temporel et au spirituel ; pour la diriger convenablement et pour la bien terminer, il fallait « mettre en activité politique directe les forces qui étaient devenues prépondérantes », en d'autres termes, il fallait appeler les *industriels* et les *savants* à former le système politique correspondant au nouvel état social. Cela n'a pas été fait, et la Révolution, qui avait bien commencé, était presque immédiatement jetée dans une fausse route : *les légistes* et *les métaphysiciens* devinrent les maîtres de la situation. Comment expliquer cet évènement historique ? « Il est dans la nature de l'homme, répond Saint-Simon, de ne pouvoir passer sans intermédiaire d'une doctrine quelconque à une autre. Cette loi s'applique bien plus impérieusement encore aux différents systèmes politiques par lesquels la marche naturelle de la civilisation oblige l'espèce humaine à passer. Ainsi, la même nécessité qui a créé dans l'industrie l'élément d'un nouveau pouvoir temporel destiné à remplacer le pouvoir militaire, et, dans les sciences positives, l'élément d'un nouveau pouvoir spirituel appelé à succéder au pouvoir théologique, a dû développer et mettre en activité (avant que ce changement dans l'état de la société eût commencé à devenir très sensible) un pouvoir temporel et un pouvoir spirituel d'une nature intermédiaire, bâtarde et transitoire, dont l'unique rôle était d'opérer la transition d'un système social à l'autre » (1).

On le voit, les « séries historiques » de Saint Simon n'expliquent au fond rien du tout ; elles ont elles-mêmes besoin d'être expliquées et pour le faire, il faut s'adresser à l'inévitable *nature humaine* : la Révolution française a été jetée dans une telle voie parce que la nature humaine est telle et telle (2).

(1) « *Du système industriel* », par Henri St-Simon, Paris, *M. DCCC. XXI*, p. 52.

(2) De même, si dans l'histoire nous voyons les « *périodes critiques* » et les « *périodes organiques* » se succéder alternativement, cela s'explique aussi, en dernière instance, par les propriétés de la nature humaine. Il est clair qu'un pareil point de vue devait engendrer une foule d'analogies fantaisistes entre l'organisme individuel et l'organisme social. Le comtisme (la caricature bourgeoise du saint-simonisme) en est très riche. Saint-Simon lui-même n'avait rien contre de pareilles analogies. Voyez, par exemple, ses « *Opinions littéraires, philosophiques et industrielles* », Paris, 1825.

De deux choses l'une : ou la nature humaine est *invariable*, comme le supposait *Morelly*, et alors elle n'explique rien dans *l'histoire* qui nous représente *les variations perpétuelles* des rapports des hommes dans la société; ou elle varie elle-même selon les circonstances dans lesquelles vivent les hommes, et alors, loin d'être *la cause*, elle est elle-même *l'effet* de l'évolution historique. Les matérialistes français savaient très bien que l'homme est le produit de son milieu social : « *l'homme est tout éducation* » a dit *Helvétius*. Il semble que, d'après cela, Helvétius doive quitter le point de vue de la nature humaine pour étudier les lois de l'évolution du *milieu*, façonnant la nature humaine, donnant à l'homme social telle ou telle « *éducation* ». Et, en effet, Helvétius a fait quelques efforts dans cette direction. Mais ni lui, ni ses contemporains, ni les socialistes de la première moitié de notre siècle, ni aucun des représentants de la science de la même période, ne réussirent à découvrir ce nouveau point de vue qui devait permettre d'étudier l'évolution du milieu social, cause de « l'éducation » historique de l'homme, des changements qui se produisent dans sa « nature ». Force donc leur était de revenir à la nature humaine comme au seul point de vue qui semblait donner une base un peu solide aux recherches scientifiques. Mais puisque la nature humaine varie à son tour, il était indispensable de faire abstraction de ses variations, de rechercher en elle des propriétés stables, des propriétés fondamentales qui se conservent malgré tous les changements dans ses propriétés secondaires. C'est ainsi qu'à la fin des comptes on arrivait à une maigre abstraction, comme celles des « philosophes », par exemple : « *l'homme est un être sensible et raisonnable* », qui avait l'air d'une acquisition d'autant plus précieuse qu'elle laissait une liberté complète à toutes les suppositions gratuites et à toutes les conclusions fantaisistes.

Un Guizot n'avait nul besoin de rechercher la meilleure organisation sociale, la législation parfaite : il était parfaitement satisfait de celles qui existaient. Mais pour celles-ci, l'argument le plus fort qu'il aurait pu mettre en avant pour les défendre contre les attaques des mécontents, aurait été toujours *la nature humaine* qui, aurait-il dit, rend impossible tout changement sérieux dans la constitution sociale et politique de la France. Les mécontents condamnaient cette constitution en se servant de la même abstraction. Et puisque cette abstraction, étant complètement vide, laissait, comme nous l'avons dit, une liberté complète à toutes les suppositions gratuites et à toutes les conséquences logiques qui découlaient de ces suppositions, la tâche « *scientifique* » des réformateurs prenait l'air d'un problème de géométrie : étant donné une telle « *nature* », trouver quelle structure de la société lui correspond le mieux. Ainsi *Morelly* se plaint amèrement de ce que « nos instituteurs anciens » ont manqué de se proposer et de résoudre « cet excellent problème ». « *Trouver une situation dans laquelle il soit presque impossible que l'homme soit dépravé, ou méchant, ou du moins, minima de malis* ». Nous avons déjà vu

que pour Morelly, la nature humaine était « *une, constante, inva-*
riable ».

Nous savons maintenant en quoi consiste le procédé « scientifique » des utopistes. Pour en finir avec eux, rappelons au lecteur
que la « nature humaine » étant une abstraction excéssivement
maigre et partant très peu nourrissante, les utopistes, en réalité,
en appelaient non pas à la nature humaine en général, mais à la
nature idéalisée des hommes de leur temps appartenant à la
classe dont ils représentaient les tendances sociales. La réalité
sociale se faisait donc inévitablement jour dans les œuvres des
utopistes, mais les utopistes ne s'en rendaient pas compte, ils ne
voyaient cette réalité qu'à travers une abstraction qui, toute maigre qu'elle était, n'était que peu diaphane.

II

LE POINT DE VUE DU SOCIALISME SCIENTIFIQUE

Les grands philosophes idéalistes de l'Allemagne, *Schelling*,
Hegel, comprenaient bien l'insuffisance du point de vue de la
« nature » humaine. Hegel se moque, dans sa « *Philosophie de
l'Histoire* » des utopistes français à la recherche de la meilleure
des constitutions. L'idéalisme allemand considère l'histoire comme
un processus soumis à des lois et cherche le mobile du mouvement historique *en dehors de la « nature » de l'homme*.

C'était un grand pas vers la vérité. Mais ce mobile historique,
les idéalistes le voyaient dans l' « *idée absolue* », dans l'esprit du
« monde », et comme leur idée absolue n'était qu'une abstraction
de notre « *manière de penser* », ils ramenaient dans leurs spéculations philosophiques sur l'histoire, la vieille amie des philosophes matérialistes, la « nature » humaine affublée d'un costume
digne de la société respectable et austère des penseurs allemands.
Chassez la nature par la porte, elle rentre par la fenêtre ! Malgré
tous les services rendus à la science sociale par les idéalistes
allemands, le grand problème de cette science, son problème fondamental restait aussi peu résolu de leur temps qu'il l'était du
temps des matérialistes français.

Quelle est donc cette force cachée qui produit le mouvement
historique de l'humanité ? On n'en savait rien. On n'avait sur cette
question que quelques observations partielles, plus ou moins
vraies, plus ou moins ingénieuses — parfois très vraies et très
ingénieuses — mais toujours partielles et décousues.

Si la science sociale est sortie enfin de cette impasse, c'est à
Karl Marx qu'elle le doit.

D'après *Marx*, les rapports juridiques comme les formes politiques ne doivent pas être expliqués par eux-mêmes, ni par le développement général de l'esprit humain. Ils prennent racine au
contraire dans les conditions matérielles de l'existence. C'est pres-

que la même chose qu'entendait *Guizot* , quand il disait que les constitutions politiques ont leur racine dans « *l'état des propriétés* ». Mais tandis que pour Guizot, « *l'état des propriétés* » restait un mystère qu'il s'efforçait en vain d'éclaircir à l'aide de considérations sur la nature humaine, pour Marx cet « *état* » n'a plus rien de mystérieux ; il est déterminé par l'état des *forces productives* dont dispose une société donnée : « C'est dans *l'économie politique* qu'on doit étudier l'anatomie de la société bourgeoise. Mais laissons Marx lui-même formuler sa conception de l'histoire.

« Pour la production sociale de leurs moyens d'existence, les hommes entretiennent des rapports déterminés, nécessaires, indépendants de leur volonté, des *rapports de production* qui correspondent à un certain degré de développement des puissances matérielles de la production. L'ensemble de ces rapports de production forme la *structure économique* de la Société, la base réelle sur laquelle s'élève la superstructure juridique et politique et à laquelle correspondent certains *modes de penser sociaux*. Le mode de production de la vie *matérielle* détermine le mode d'activité *sociale*, *politique* et *intellectuelle*. Ce n'est donc pas la manière de penser de l'homme qui explique sa manière de vivre, mais au contraire sa manière de vivre qui explique sa manière de penser. »

« A un certain degré de leur développement, les *forces* matérielles de la production entrent en conflit avec les *rapports* de production existants, ou pour parler la langue juridique, avec les rapports de *propriété* au sein desquels ils avaient évolué jusqu'alors. Elles brisent les chaînes qui les enserraient. On entre alors dans une période révolutionnaire (1) ».

Cette conception tout à fait matérialiste de l'histoire est une des plus grandes découvertes de notre siècle, si riche en découvertes scientifiques. Ce n'est que grâce à elle que la science sociale sortit enfin et pour toujours du cercle vicieux fatal où elle tournait jusque là ; ce n'est que grâce à elle que cette science possède maintenant une base aussi solide que celle de la science *naturelle*. La révolution opérée par Marx dans la science sociale peut être comparée à celle de Copernic en astronomie. En effet, avant Copernic, on admettait que la Terre reste immobile tandis que le Soleil tourne autour d'elle. Le génial polonais démontra que c'est le contraire qui a lieu. De même, jusqu'à Marx, le point de vue de la science sociale était celui de la *nature humaine*; c'est en partant de ce point de vue qu'on tâchait d'expliquer le mouvement historique de l'humanité. Le point de vue du génial allemand est diamétralement opposé : *Tandis que l'homme pour assurer son existence agit sur la nature extérieure, il transforme sa propre nature*. L'action de l'homme sur le monde extérieur suppose certains instruments, certains moyens de production, d'après le caractère de leurs moyens de production les hommes entretiennent tels ou tels rapports dans le procès de la production (puisque ce

<hr>

(1) *Critique de l'économie politique*, Berlin, 1859. Vorwort. S. IV-V.

procès est un procès social), et d'après leurs *rapports* dans le procès social de la *production, varient leurs habitudes, leurs sentiments, leurs penchants, leur façon de penser et d'agir, bref, leur nature.* Ce n'est donc pas la nature humaine qui explique le mouvement historique, c'est le mouvement historique qui façonne diversement la nature humaine.

Mais s'il en est ainsi, quelle valeur peuvent désormais avoir les recherches, plus ou moins laborieuses, plus ou moins ingénieuses sur la meilleure des organisations sociales possibles ? *Aucune, littéralement aucune!* Elles ne peuvent que témoigner du manque d'instruction scientifique de ceux qui s'y adonnent. Leur temps est passé à jamais.

Avec le vieux point de vue de la nature humaine doivent disparaître les utopies de toutes couleurs et de toutes nuances. Le grand parti révolutionnaire de notre temps : la *Démocratie socialiste internationale,* s'appuie non pas sur une conception nouvelle de la nature humaine, non pas sur un principe abstrait quelconque, mais sur une *nécessité économique constatée par une observation fidèle.* C'est ce qui fait la force de ce parti, c'est ce qui le rend aussi invincible que la nécessité économique elle-même.

« Les moyens de production et d'échange qui donnèrent naissance à la bourgeoisie furent élaborés dans la société féodale. A un certain degré de développement de ces *moyens* de production et d'échange les *rapports* de production et d'échange de la société féodale, *l'organisation féodale de l'agriculture et de la manufacture* ne correspondirent plus à ces forces productives en voie de développement incessant. Ils devinrent un obstacle à la production au lieu de l'exciter. Ils devaient disparaître ; ils disparurent.

« A leur place s'installa la libre concurrence avec une organisation sociale et politique correspondante, avec la domination économique de la classe bourgeoise.

« Un mouvement semblable se produit sous nos yeux. Les rapports de production et d'échange bourgeois, les rapports de propriété bourgeois, la *société bourgeoise* moderne qui ont multiplié d'une façon prodigieuse les moyens de production et d'échange ressemblent à la magicienne antique incapable de maîtriser les puissances infernales qu'elle avait évoquées. Depuis les dix dernières années, l'histoire de l'industrie et du commerce n'est plus que l'histoire du conflit des *forces* productives modernes avec les *rapports* de production modernes, avec les rapports de *propriété* : condition d'existence et de domination de la bourgeoisie. Il suffit de mentionner les crises commerciales qui dans leurs cycles périodiques mettent en question, toujours plus menaçantes, l'existence de toute la société bourgeoise.

« Les armes avec lesquelles la bourgeoisie avait terrassé la féodalité se retournent aujourd'hui contre cette même bourgeoisie (1).

(1) *Manifeste du parti communiste,* chapitre I.

La bourgeoisie a détruit les rapports de propriété *féodaux*; le prolétariat mettra fin aux rapports de propriété bourgeois. Entre le prolétariat et la bourgeoisie la lutte — une lutte implacable — une lutte à outrance — est aussi inévitable qu'elle le fut jadis entre la bourgeoisie et les Etats privilégiés. Mais *chaque lutte de classe est une lutte politique*. Pour détruire la société féodale, la bourgeoisie a dû s'emparer du pouvoir politique. Pour enterrer la société capitaliste, le prolétariat devra faire de même. Sa tâche politique est donc tracée d'avance par la force même des choses et non par telle ou telle considération abstraite.

Chose remarquable, ce n'est que depuis *Karl Marx* que le socialisme se place sur le terrain de la *lutte de classes*. Les socialistes-utopistes n'en avaient aucune notion tant soit peu précise. Et en cela ils étaient *en retard* sur les *théoriciens de la bourgeoisie*, leurs contemporains, qui comprenaient très bien au moins la signification historique de la lutte du Tiers–Etat contre la noblesse.

Si chacune des « conceptions nouvelles » sur la nature humaine semblait fournir des indications très précises sur l'organisation de la « société future » le socialisme scientifique est très sobre de détails de ce genre. La structure sociale dépend de l'état des forces productives. Quel sera cet état au moment où le prolétariat prendra en main le pouvoir? Nous ne le savons pas. Tout ce que nous savons maintenant, c'est que les forces productives qui sont déjà à la disposition de l'humanité civilisée réclament impérieusement la *socialisation des moyens de production et une organisation unitaire de la production*. Cela nous suffit pour ne pas nous désorienter dans notre lutte contre la « masse réactionnaire. » « Les communistes sont ainsi pratiquement le bataillon le plus résolu, le plus avancé des partis ouvriers de tous le pays; théoriquement, ils se distinguent des autres prolétaires par la compréhension des conditions, du procès et des résultats généraux du mouvement prolétarien. » Ces paroles, écrites en 1848, ne sont inexactes pour notre temps que sur un point : elles mentionnent « des partis ouvriers » indépendants du parti communiste; il n'y a pas maintenant de parti ouvrier qui ne suive, de près ou de loin, le drapeau du *socialisme scientifique*, ou, comme il est dit dans le « Manifeste », du *communisme*.

Ainsi, encore une fois, le point de vue des socialistes utopistes, comme de la science sociale tout entière de leur temps, était la *nature humaine* ou un principe abstrait quelconque dérivé de cette notion. Le point de vue de la science sociale et du socialisme de notre temps est celui de *la réalité économique et des lois immanentes de son évolution*.

On peut donc facilement se faire une idée de l'impression que font sur les socialistes modernes les arguments des théoriciens de la bourgeoisie qui répètent sans cesse la vieille chanson de l'incompatibilité de la nature humaine avec le communisme. C'est comme si l'on voulait combattre les darwiniens avec les armes tirées des arsenaux scientifiques du temps de Cuvier ! Et ce qui est plus digne d'attention, c'est que cette vieille chanson n'est pas dédaignée même par des « *évolutionnistes* » comme Herbert Spencer ! Que voulez-vous ? La plus belle fille du monde ne peut donner que ce qu'elle a ! (1)

Voyons maintenant quel rapport il peut y avoir entre le socialisme moderne et ce qu'on appelle l'anarchisme.

III

DÉVELOPPEMENT HISTORIQUE DE LA DOCTRINE ANARCHISTE. LE POINT DE VUE DE L'ANARCHISME.

> « On m'a reproché encore d'être le père
> « de l'anarchie. C'est trop d'honneur qu'on
> « veut me faire. Le père de l'anarchie est
> « l'immortel Proudhon qui l'a exposée pour
> « la première fois, en 1848. »

Ainsi parlait *Pierre Kropotkine* dans sa défense devant la police correctionnelle de Lyon (procès de janvier 1883). Comme il arrive souvent à mon aimable compatriote, Kropotkine a avancé une chose inexacte.

« Pour la première fois », Proudhon parle de l'anarchie dans son fameux livre : « *Qu'est-ce que la propriété? ou recherches sur le principe du droit et du gouvernement* », dont la première édition parut en *1840*. Mais il l'y « expose » très peu ; il n'y consacre que quelques pages (2). Avant qu'il s'avisât d'*exposer* la théorie anarchiste, en « 1848 », la besogne avait été faite par l'allemand *Max Stirner* (pseudonyme de *Gaspard Schmidt*), en *1845*, dans le livre « *L'Individu et sa propriété* ». Max Stirner a donc un droit assez bien fondé au titre de père de l'anarchie. « Immortelle » ou non, c'est par lui que cette théorie a été « exposée » *pour la première fois.*

Max Stirner

On a appelé la théorie anarchiste de Max Stirner une caricature de la *philosophie de la religion* de Ludwig Fenerbach. (C'est ainsi que l'appelle, par exemple, Ueberweg dans ses « *Grundzüge der Geschichte der philosophie* », dritter Theil, Philosophie der

(1) « Non seulement les socialistes, mais encore les prétendus libéraux qui leur préparent la voie croient qu'avec de l'habileté, les défauts de l'humanité peuvent être corrigés par de bonnes institutions. C'est une illusion. Quelle que soit la structure sociale, la nature défectueuse des citoyens se manifestera dans les mauvais effets qu'elle produira. Il n'y a point d'alchimie politique qui puisse transformer en conduite d'or des instincts de plomb. » *L'Individu contre l'État*, par Herbert Spencer, traduit de l'anglais par J. Gerschel, Paris, 1888, p. 64.

(2) Voir les pages 205-305 de l'édition de 1841.

Neuzeit). On est même allé jusqu'à supposer que le désir de tourner en ridicule cette philosophie a été l'unique mobile de *Stirner* en écrivant son livre.

C'est une supposition tout à fait gratuite. Stirner ne plaisante point en exposant sa théorie ; il tient à elle avec une conviction profonde tout en laissant percer la tendance, assez naturelle pour son temps inquiet, de vouloir surpasser Feuerbach par le caractère radical de ses conclusions.

Pour *Feuerbach*, ce que les hommes appellent *Divinité* n'est que le produit de leur fantaisie, d'une aberration psychologique. Ce n'est pas la Divinité qui a créé l'homme, c'est l'homme qui crée la Divinité d'après sa propre image. En Dieu, l'homme n'adore que sa propre essence. *Dieu* n'est qu'une fiction, mais une fiction très nuisible. Le Dieu chrétien est censé être tout amour, tout pitié pour la pauvre humanité souffrante. Mais malgré cela, ou plutôt *à cause* de cela, tout chrétien vraiment digne de ce nom *déteste* et *doit* détester les *athées* qui lui apparaissent comme une négation vivante de tout amour et de toute pitié. Ainsi le dieu d'amour devient le dieu *de la haine*, le dieu *de la persécution;* le produit de *la fantaisie* de l'homme devient une *cause réelle* de ses souffrances. Il faut donc en finir avec cette fantasmagorie. Puisque dans la divinité, l'homme n'adore que sa propre essence, il faut déchirer et écarter une bonne fois pour toutes le voile mystique sous lequel a été enveloppée cette essence. L'amour de l'humanité ne doit pas s'objectiver en dehors de l'humanité. « *L'homme est pour l'homme l'être suprême.* »

Telle est la pensée de *Feuerbach. Max Stirner* est parfaitement d'accord avec lui, mais il veut tirer ce qu'il croit être les dernières et les plus radicales conséquences de sa théorie. Il raisonne ainsi : Dieu n'est qu'un produit de la fantaisie, ce n'est qu'un fantôme. D'accord. Mais qu'est-ce que l'*humanité* dont vous me préconisez l'amour ? N'est-ce pas aussi un fantôme, un être abstrait, une entité métaphysique ? Où existe-t-elle votre humanité, si ce n'est dans la tête des hommes, dans la tête des *individus?* Il n'y a donc de réel que l'*individu* avec ses besoins, ses tendances, sa volonté. Mais s'il en est ainsi, comment voulez-vous que l'*individu, un être réel,* se sacrifie pour le bonheur de l'homme, un être abstrait ? Vous avez beau vous révolter contre le vieux bon Dieu, vous conservez toujours le point de vue religieux, et l'émancipation que vous vous efforcez de nous donner est purement théologique.

L'être suprême est l'être de l'homme, mais du moment que nous envisageons son être et non lui-même, il est absolument indifférent que nous l'étudions en dehors de lui et le considérions en « Dieu » ou que nous l'étudions en lui et l'appelions l' « être de l'homme » ou simplement l' «homme ». *Moi* je ne suis ni Dieu, ni l'homme en général, ni « être suprême », ni mon « être » ; voilà pourquoi il revient au même que je place l' « être » en moi ou en dehors de moi. D'ailleurs nous attribuons toujours à l' «être» suprême une dualité, nous le voyons en nous et en dehors de nous : car « l'esprit de Dieu », d'après la conception chrétienne, est aussi « notre esprit » et réside en nous. Il réside dans le ciel et en nous ; nous, pauvres créatures, ne sommes que sa demeure, et quand Feuerbach détruit son séjour céleste et le réduit à se réfugier chez nous avec armes et bagages, sa demeure terrestre est bien vite encombrée (1).

Pour nous soustraire aux désagréments d'un pareil embarras, pour ne pas nous laisser dominer par un fantôme, pour mettre enfin le pied sur une terre ferme, il n'y a qu'un moyen : c'est de *prendre pour point de départ* la seule réalité, notre propre « moi ».

« Laissez donc de côté toute chose qui n'est pas absolument ma
« propre chose. Croyez-vous que ma chose doive être au moins la
« chose bonne ? Qu'est-ce que le bon, qu'est-ce que le mauvais ?
« Je ne suis que *ma* chose et je ne suis ni bon, ni mauvais. Cette
« dualité n'a pour moi aucun sens. Ma chose n'est ni la chose
« divine, ni la chose humaine, ce n'est pas la vérité, ni le bien, ni
« le droit, ni la liberté, mais seulement *ma* chose ; et elle n'est
« pas générale, mais unique, unique comme mon « moi ». Il n'y
« a rien au-dessus du « Moi » ! (2)

Religion, Science, Morale, Droit, Loi, Famille, État sont autant de jougs qu'on m'impose au nom d'une abstraction, sont autant d'*oppresseurs* que « moi », l'individu conscient de ma propre « chose », je combats par tous les moyens qui se trouvent à ma disposition. Votre *morale*, non seulement la morale des philistins bourgeois, mais la morale la plus élevée, la plus humanitaire n'est que la religion qui a changé d' « être suprême ». Votre *droit* qui, d'après vous, naît avec l'homme n'est qu'un fantôme, et si vous le respectez vous n'êtes pas plus avancés que les héros d'Homère qui s'effrayaient dès qu'ils voyaient un dieu combattre dans les rangs de leurs ennemis. Le droit, c'est la force.

« Qui a la force, a le droit. Si vous n'avez pas celle-là, vous
« n'avez pas celui-ci. Est-il si difficile d'arriver à cette Sagesse ? (3)
« On veut me persuader de sacrifier mes intérêts à ceux de l'*État*.
« Moi, au contraire, je déclare une guerre à outrance à tout État,
« même au plus démocratique..... Chaque État est une *tyrannie*,
« que les despotes soient un ou plusieurs, ou comme on se l'imagine
« d'une république, que *tous* soient les maîtres, c'est-à-dire des-
« potes les uns des autres. C'est justement le cas d'une loi élaborée
« dans une *assemblée populaire*, qui devient la *loi* de *chaque*
« individu, à laquelle il *doit obéir*, envers laquelle il a désormais
« le *devoir d'obéissance* On a beau imaginer le cas où *chacun*
« aurait exprimé la même volonté et où une parfaite « volonté
« générale » aurait donné naissance à la loi. Cela reviendrait au

(1) *L'individu et sa propriété.* Deuxième édition, Leipzig, 1882, p. 35-36.

(2) *L'individu*, p. 7-8.

(3) *L'individu*, p. 106-107.

« même. Est-ce que ma volonté de hier ne lierait pas ma volonté
« d'aujourd'hui et de demain ? Ma volonté serait en ce cas *para-*
« *lysée. Stabilité* fâcheuse ! Mon œuvre, une expression de ma
« volonté, serait devenue ma *souveraine.* Et *moi,* le créateur, je
« serais *entravé* dans ma volonté et dans ma décision nouvelle ?
« Parce que hier j'aurais été sot, je devrais le demeurer toute ma
« vie ! Ainsi en vivant sous un État, je suis, dans la meilleure des
« hypothèses — je pourrais aussi bien l'appeler : la pire des hypo-
« thèses — l'esclave de moi-même. Parce que hier j'avais une
« volonté, aujourd'hui je n'en ai plus ; parce que j'étais hier libre,
« aujourd'hui me voilà esclave. » (1)

Ici un partisan de l'état démocratique pourrait faire observer
à Stirner que son « Moi » va un peu trop loin dans le désir de
pousser à l'absurde la liberté démocratique ; puisqu'une mauvaise
loi peut être abrogée aussitôt que le voudra la majorité des
citoyens, on n'est pas du moins forcé de la subir sa vie durant.
Mais ce n'est qu'un détail insignifiant, et Stirner répondrait d'ailleurs que la nécessité même d'en appeler à une majorité prouve
que je ne suis plus le maître de ma propre conduite.

Les *conclusions* de notre auteur sont irréfutables pour cette
simple raison que dire : je ne reconnais rien au-dessus de moi,
c'est *déjà* dire : je me sens *opprimé* par toute institution qui
m'impose un *devoir* quelconque. C'est une simple *tautologie.*

Il est évident qu'aucun « *Moi* » ne peut exister tout seul.
Stirner le sait bien, et voilà pourquoi il préconise les *associations
d'égoïstes,* c'est-à-dire les libres associations dans lesquelles
chaque « moi » *entre* et dans lesquelles il *reste* quand — et tant
que — cela est conforme à ses intérêts.

Arrêtons-nous ici. Nous voilà vis-à-vis d'un système « *égoïste* »
par excellence. C'est peut-être le seul que l'histoire de la pensée
humaine ait à enregistrer. On a accusé les matérialistes français
du siècle dernier d'avoir prêché l'égoïsme. C'est bien à tort.
Les matérialistes français ont toujours prêché « *la vertu* », et ils le
faisaient avec tant de zèle, que *Grimm* pouvait, non sans raison,
se moquer de leurs « *capucinades* » sur ce sujet. La question de
l'égoïsme avait pour eux la signification d'un double *problème :*

1º *L'homme n'est que sensibilité.* (C'était la base de toutes leurs
considérations sur l'homme). Par sa nature même, il est forcé
d'éviter la souffrance et de rechercher le plaisir ; comment se fait-
il donc que nous voyons les hommes capables d'endurer les plus
grandes souffrances pour le triomphe d'une idée quelconque,
c'est-à-dire, en dernière analyse, pour procurer des sensations
agréables à leur *prochain ?*

2º Puisque l'homme n'est que sensibilité, il nuira à son prochain s'il est placé dans un milieu social où les intérêts d'un individu contredisent ceux des autres. Quelle est donc la législation
capable de faire concorder le bien public et celui des individus ? —

(1) *L'individu,* p. 200.

Là, dans ce double problème, est toute la signification de ce qu'on appelle l'éthique matérialiste du dix-huitième siècle.

Max Stirner poursuit un but tout à fait opposé. Il se moque de la « vertu », et, loin de souhaiter son triomphe, il ne considère comme raisonnables que les égoïstes pour lesquels rien n'est au-dessus du « moi ». Encore une fois, c'est le théoricien par excellence de l'égoïsme.

Les bons bourgeois dont les oreilles sont aussi pudiques et vertueuses que les *cœurs* sont durs, ceux qui tout en buvant du *vin préchent officiellement l'eau*, ont été scandalisés jusqu'aux dernières limites par l' « *immoralité* » de Stirner. « C'est la ruine complète du monde moral ! » s'écrièrent-ils. Mais, comme il arrive toujours, la vertu des Philistins se montre très faible en argumentation. « Le vrai mérite de Stirner, c'est qu'il a dit le dernier mot de la jeune école athée » (c'est-à-dire de l'aile gauche de l'école hégélienne, J. P.), écrivait le Français *Saint-René-Taillandier*. Les Philistins des autres pays n'avaient point d'autre opinion sur le « *mérite* » du hardi publiciste. *Du point de vue du socialisme moderne, ce mérite-là apparaît sous un jour bien différent*.

Premièrement, le mérite incontestable de Stirner consiste en ce qu'il combattait ouvertement et énergiquement ce sentimentalisme aigre-doux des réformateurs bourgeois et de beaucoup de socialistes utopistes — d'après lequel l'émancipation du prolétariat devait être le résultat de l'activité vertueuse des gens de « dévouement » des diverses classes, surtout de celle des *possédants*. Stirner sait très bien ce qu'on peut attendre du « dévouement » des exploiteurs. Les « riches » sont durs, mais les « pauvres » (c'est la terminologie de notre auteur) ont tort de s'en plaindre, puisque ce ne sont pas les riches qui créent la misère des pauvres, mais les pauvres qui créent la richesse des riches. C'est donc à eux-mêmes qu'ils doivent s'en prendre si leur situation est difficile. Pour la modifier, ils n'ont qu'à se révolter contre les riches ; dès qu'ils le voudront sérieusement ils se trouveront les plus forts et le règne de la richesse aura vécu. *Le salut est dans la lutte, et non dans des appels infructueux à la générosité des oppresseurs*. — Stirner prêche donc *la lutte des classes*. Il est vrai qu'il se la représente sous la forme abstraite de la lutte d'une certaine quantité de « moi » égoïstes contre une autre quantité, moins considérable, de « moi » non moins égoïstes. Mais ici nous touchons à un autre mérite de Stirner.

D'après Taillandier, il a dit le dernier mot de la jeune école athée des philosophes allemands. En réalité, il n'a que le dernier mot de la *spéculation idéaliste*, mais ce mot-là, il a incontestablement le mérite de l'avoir dit.

Dans sa critique de la religion, *Feuerbach n'est matérialiste qu'à demi*. En adorant Dieu, l'homme n'adore que son propre « être » idéalisé. C'est juste. Mais les religions naissent et périssent comme tout autre chose ici-bas. Cela ne prouve-t-il pas que l' « être » humain ne reste pas immuable, qu'il se transforme au cours de l'évolution historique des sociétés? Il est clair que *oui*. Mais alors, quelle est la cause de la transformation historique de l'« être humain? » *Feuerbach n'en sait rien*. L'être *humain* n'est chez lui qu'une notion abstraite, comme la *nature humaine* des matérialistes français. C'est là le défaut fondamental de sa critique de la religion. *Stirner* s'aperçoit bien qu'elle n'a pas une constitution parfaitement robuste. Il veut la fortifier en lui faisant respirer l'air frais de la *réalité*. Il tourne le dos à tout fantôme, à tout *être de raison*. En réalité, il n'y a que des individus, se dit-il; prenons l'individu pour point de départ. Mais, *quel* individu prend-il pour point de départ? Est-ce Jean, Pierre, Jacques ou Isidore? Non; *c'est l'individu en général*, c'est une nouvelle abstraction, et la plus maigre, celle-ci; c'est le « *moi*. »

Stirner s'imagine naïvement qu'il apporte une solution définitive à une vieille question philosophique : celle qui divisait déjà les nominalistes et les réalistes du moyen-âge. « Aucune idée n'a de réalité, dit-il, car aucune n'a d'individualité propre. C'est cette même question qui engendra les controverses scolastiques du réalisme et du nominalisme. » Hélas! le premier nominaliste venu eût démontré à notre auteur, jusqu'à complète évidence, que son « moi » est une idée comme toute autre, qu'il est aussi peu réel que l'« *Un* » (Unus) mathématique.

Jean, Pierre, Jacques, Isidore ont entre eux des rapports qui ne dépendent pas de la volonté de leurs « moi », leur étant imposés par la structure de la société où ils vivent. Critiquer les institutions sociales au nom du « moi », c'est donc quitter le seul point de vue fécond dans ce cas : celui de la *société*, des lois de sa vie et de son évolution, et se perdre dans le brouillard de l'abstraction. Le « nominaliste » Stirner se complaît justement dans ce brouillard.

Moi est moi (ich bin ich) — tel est son point de départ.

Non-moi est non-moi, etc. (nicht-ich ist nicht-ich), — tel est son résultat.

Moi + moi + moi + etc. (ich + ich + ich + etc.), voilà son utopie sociale. C'est de l'idéalisme subjectif pur et simple au service de la critique politique et sociale. *C'est le suicide de la spéculation idéaliste.*

Mais déjà, au cours de la même année (1845), où parut l'« *Individu* », de Stirner, parut aussi à Francfort-sur-le-Mein le livre de Marx et Engels : « *Die heilige Familie oder Kritik der kritischen Kritik, gegen Bruno Bauer et consorten* » (*La sainte famille*, etc.). La spéculation idéaliste y fut attaquée et battue par le *matérialisme dialectique*, base théorique du socialisme moderne. L'« *Individu* » *arriva trop tard.*

Nous venons de dire : Moi+moi+moi+etc. — voilà l'utopie sociale de Stirner. Son *association d'« égoïstes* » n'est, en effet, autre chose qu'une somme de quantités abstraites. Quelles sont, quelles peuvent être les bases de leur union? Leurs intérêts, répond Stirner. Mais quelle sera, quelle pourra être *la base réelle de telle ou telle combinaison de leurs intérêts?* Stirner n'en dit rien, et il ne peut en dire quoi que ce soit de déterminé puisque de la hauteur de l'abstraction où il se place, l'on n'aperçoit plus rien de précis dans la *réalité économique :* mère et nourrice des « Moi » égoïstes ou altruistes. Quoi d'étonnant, s'il ne peut éclaircir même cette notion de la lutte des classes dont il s'approche pourtant assez heureusement? Les « pauvres » doivent combattre les « riches ». Et puis, lorsqu'il les auront vaincus? Alors chacun des anciens pauvres comme chacun des anciens riches luttera contre chacun des anciens riches et contre chacun des anciens pauvres. *Il y aura la guerre de tous contre tous* (Stirner se sert justement de cette expression). Et les statuts des *associations d' « égoïstes »* seront autant d'armistices partielles dans cette guerre colossale, dans cette lutte universelle. Il y a de l'humeur belliqueuse là-dedans, mais du *réalisme*, dont rêvait Max Stirner, *point !*

Laissons là les *associations d' « égoïstes »*. Un utopiste a beau fermer les yeux à la réalité économique, elle s'impose à lui, *malgré lui ;* elle le poursuit partout avec la brutalité d'une force naturelle non dominée par la science. La région élevée du « *Moi* » abstrait ne préserve pas Stirner des obsessions de la réalité économique. Il ne nous parle pas seulement de l' « *Individu* » ; son thème, c'est l' « *Individu* » et « *sa propriété* ». Or, quel aspect a-t-elle la propriété de l' « *Individu* »?

Il va sans dire que Stirner est très peu disposé à respecter la propriété comme *un droit acquis*. « Il n'y a de légitime propriété, pour autrui, que celle que *tu* trouves légitime qu'il possède. *Cesse-t-elle pour toi* d'être légitime, aussitôt sa légitimité disparait à ton égard et tu dois sourire du droit absolu du propriétaire (1). » C'est toujours la même chanson : « Il n'y a rien au-dessus du Moi ». Mais ce peu de respect pour la propriété d'autrui n'empêche pas le « Moi » de Stirner d'avoir les *tendances d'un propriétaire*. L'argument le plus fort contre le *communisme* est, pour lui, cette considération que le communisme en abolissant la propriété individuelle, fait de tous les membres de la Société de simples *mendiants*. Stirner est indigné d'une pareille iniquité.

« De l'avis des communistes, la communauté doit être proprié-
« taire. C'est le contraire qui est la vérité. C'est « *Moi* » qui suis
« propriétaire et je m'entends seulement avec les autres à propos
« de ma propriété. La communauté ne me fait-elle pas droit, je
« me révolte contre elle et défends ma propriété. Je suis proprié-
« taire, mais la propriété *n'est pas sacrée*. Serais-je simplement
« détenteur ?.(Allusion à Proudhon.) Non, jusqu'ici l'on n'était
« que détenteur; on n'avait la possession assurée d'une parcelle
« que parce que l'on assurait à autrui la possession d'autres par-
« celles. Mais maintenant « tout » m'appartient, je suis proprié-
« taire de « tout » ce dont *j'ai besoin* et je puis m'en emparer. Le
« socialiste dit : La Société me donne ce dont j'ai besoin — l'é-

(1) *L'Individu et sa propriété.*

« goïste dit au contraire : Je prends ce dont j'ai besoin. Les com-
« munistes se comportent en mendiants ; *l'égoïste agit en pro-*
« *priétaire* (1). »

La propriété de l'égoïste a l'air d'une chose très peu assurée.
Un « égoïste » ne reste *propriétaire* que tant que les autres égoïstes ne se décident pas à le dépouiller, le métamorphosant ainsi
en *gueux*. Le diable n'est pourtant pas si noir qu'il semble à première vue. Stirner se représente les relations mutuelles des propriétaires « égoïstes » comme des relations *d'échange* plutôt que
de *pillage*. Et la force à laquelle il en appelle sans cesse, c'est
plutôt la force économique d'un producteur de marchandises dé-
barrassé de toutes les entraves que l'Etat et la « Société » en général lui imposent ou semblent lui imposer.

C'est *l'âme d'un producteur de marchandises* qui parle par la
bouche de Stirner. S'il en veut à l'Etat, c'est que l'Etat lui semble
ne pas respecter assez la « propriété » des producteurs de marchandises. Il veut *sa* propriété, *toute* sa propriété. L'Etat lui fait
payer des impôts, il se permet de l'exproprier au nom de l'utilité
publique. Stirner veut un *jus utendi et abutendi ;* l'Etat dit :
« d'accord », mais il ajoute qu'il y a abus et abus. Stirner alors
crie « au voleur ! » « Je suis l'ennemi de l'Etat, dit-il, qui toujours
me met dans cette alternative : Lui ou Moi... *Dans l'Etat, il n'y a*
pas de propriété, c'est-à-dire il n'y a pas propriété de l'individu,
mais propriété de l'Etat. Ce n'est que par l'Etat que j'ai ce que
j'ai, de même que ce n'est que par lui que je suis ce que je suis.
Ma propriété privée n'est que l'abandon que me fait l'Etat d'une
partie de sa propriété au préjudice des autres citoyens : c'est la
propriété de l'Etat. » A bas donc l'Etat et vive la propriété pleine
et entière de l' « *individu* » !

Stirner a traduit en allemand le *Traité d'économie politique*
pratique, de J.-B. Say (Liepzig, 1845-46). Et quoiqu'il ait traduit
aussi *Adam Smith, il ne s'est jamais élevé au-dessus du cercle*
étroit des notions économiques, vulgairement bourgeoises. Son
« *association d' « égoïstes* » n'est qu'une utopie de petit bourgeois révolté. En ce sens on peut dire qu'il prononce le *dernier*
mot de l'individualisme bourgeois.

Stirner a encore un troisième mérite. C'est d'avoir eu le courage de son opinion, d'être allé jusqu'au bout dans sa théorie
individualiste. C'est le plus intrépide, le plus conséquent des
anarchistes. A côté de lui, *Proudhon*, que Kropotkine, comme
tous les anarchistes contemporains, tient pour le père de l'anarchie, n'est qu'un *philistin collet-monté.*

(1) *L'Individu*, p. 266.

Proudhon.

Si Stirner combat Feuerbach, « l'immortel » Proudhon imite Kant. Ce que Kant a fait il y a près de soixante ans, pour la religion, ce qu'il avait fait auparavant pour la certitude, ce que d'autres avant lui avaient essayé pour le bonheur ou le souverain bien, la « Voix du Peuple » se propose de l'entreprendre pour le gouvernement, déclare pompeusement « le père de l'anarchie ».

Examinons ses procédés et ses résultats.

Si l'on en croit Proudhon, avant Kant, le croyant et le philosophe se demandaient « d'un mouvement irrésistible » : *Qu'est-ce que Dieu ?* Ils se demandaient ensuite : Quelle est de toutes les religions, la meilleure ? « En effet, s'il existe un Etre supérieur à l'humanité, il doit exister aussi un système de rapports entre cet Etre et l'Humanité. Quel est donc ce système ? La recherche de la meilleure religion est le second pas que fait l'esprit humain dans la raison et dans la foi. » Kant abandonna ces questions insolubles ; il ne se demanda plus, qu'est-ce que Dieu et quelle est la vraie religion, il s'imposa la tâche d'expliquer l'origine et le développement de l'idée de Dieu ; « il se mit à faire la biographie de cette idée ». Et il arriva à des résultats aussi grands qu'inattendus. Ce que nous cherchons et que nous voyons en Dieu, comme parlait Malebranche... c'est notre propre idéal, l'essence pure de l'Humanité... L'âme humaine ne s'aperçoit point d'abord par la contemplation réfléchie de son *Moi*, comme l'entendent les psychologues ; elle s'aperçoit hors d'elle-même comme si elle était un être différent vis-à-vis d'elle. C'est cette image renversée qu'elle appelle Dieu. Ainsi la morale, la justice, l'ordre, les lois, ne sont plus choses révélées d'en-haut, imposées à notre libre-arbitre par un soi-disant créateur, inconnu, inintelligible ; ce sont choses qui nous sont propres et essentielles comme nos facultés et nos organes, comme notre chair et notre sang. En deux mots : religion et société sont termes synonymes ; l'homme est sacré pour lui-même comme s'il était Dieu.

(1) Voir les numéros 3, 4 et 5.

La croyance à l'*Autorité* est aussi primitive, aussi universelle que la croyance à Dieu. Partout où il y a des hommes groupés en Société, il y a le pouvoir, il y a le commencement d'un gouvernement. Depuis un temps immémorial on se demande, qu'est-ce que le pouvoir? Quelle est la meilleure forme de gouvernement? Et c'est en vain qu'on cherche des réponses à ces questions. Autant de gouvernements que de religions! autant de théories politiques que de systèmes de philosophie! Y aurait-il moyen de mettre fin à cette controverse interminable et infructueuse? Y aurait-il moyen de sortir de cette impasse? Certainement! Nous n'avons qu'à suivre l'exemple de Kant. Nous n'avons qu'à nous demander d'où vient cette idée de l'autorité, du pouvoir. Nous n'avons qu'à nous informer de la *légitimité de l'idée politique*. Posée sur ce terrain, la question se résoud avec une facilité étonnante.

« De même que la religion, le gouvernement est une manifesta-
« tion de la spontanéité sociale, une préparation de l'humanité à
« un état supérieur.

« Ce que l'humanité cherche dans la religion et qu'elle appelle
« *Dieu*, c'est elle-même.

« Ce que le citoyen cherche dans le gouvernement, et qu'il
« nomme *Roi, Empereur ou Président*, c'est lui-même aussi,
« c'est la liberté.

« Hors de l'humanité, point de Dieu, le concept théologique n'a
« pas de sens ; — Hors de la liberté, point de gouvernement, le
« concept politique est sans valeur. »

Voilà pour la « biographie » de l'idée politique. Une fois connue, elle doit nous éclairer sur la question de savoir, quelle est la meilleure forme de gouvernement.

« La meilleure forme de gouvernement comme la plus parfaite
« des religions, prise au sens littéral, est une idée contradictoire.
« Le problème n'est pas de savoir comment nous serons le mieux
« gouvernés, mais comment nous serons le plus libres.

« La liberté est adéquate et identique à l'ordre, voilà tout ce que
« contiennent de réel le pouvoir et la politique. Comment se cons-
« titue cette liberté absolue, synonyme d'ordre? Voilà ce que nous
« enseignera l'analyse des différentes formules de l'autorité. Pour
« tout le reste, nous n'admettons pas plus le gouvernement de
« l'homme par l'homme que l'exploitation de l'homme par
« l'homme. » (1).

(1) Voir la préface de la troisième édition des « Confessions d'un révolutionnaire », pour toutes les citations ci-dessus. Cette préface n'est qu'un article extrait de la *Voix du Peuple* de novembre 1849 Ce n'est qu'en 1849 que Proudhon commence à « exposer » la théorie anarchiste. En 1848, n'en déplaise à Kropotkine, il n'exposait que sa théorie de l'échange, comme on peut s'en convaincre en lisant le tome sixième de ses œuvres complètes (Paris, 1868). La critique de la « Démocratie », qui date de mars 1848, n'est pas encore une exposition de la théorie anarchiste. Cette critique constitue une partie de l'opuscule « *Solution du problème social* », et cette solution, Proudhon la veut sans

Nous nous trouvons maintenant au sommet de la philosophie politique de Proudhon. C'est d'ici que découle le frais et vivifiant ruisseau de sa pensée anarchiste. Avant de suivre la course un peu tortueuse de ce ruisseau, jettons un coup d'œil sur le sentier par lequel nous sommes montés.

Nous nous imaginions suivre *Kant*. Nous nous trompions. Dans sa « *Critique de la Raison pure* », Kant a démontré qu'il est impossible de prouver l'existence de Dieu, parce que tout ce qui n'est pas du domaine de l'expérience nous échappe absolument. Dans sa « *Critique de la Raison pratique* », Kant a admis l'existence de Dieu au nom de la morale. Mais il n'a jamais dit que Dieu n'est qu'une image renversée de notre propre âme. Ce que Proudhon lui attribue appartient, comme une propriété incontestable, à *Feuerbach*. C'est donc l'exemple de celui-ci qu'il a suivi en traçant, dans ses grandes lignes, la « biographie » de l'idée politique. Proudhon nous ramène par conséquent juste au point où commença notre voyage, très peu « *sentimental* », avec Stirner. N'importe, raisonnons encore une fois d'après Feuerbach.

Ce n'est qu'elle-même que l'Humanité cherche dans la religion. Ce n'est que lui-même, c'est la liberté que le citoyen cherche dans le gouvernement... Donc, l'essence du citoyen, c'est la liberté ! Supposons qu'il en soit ainsi, mais constatons en même temps que notre « Kant » français n'a rien, absolument rien fait pour prouver la « *légitimité* » d'une pareille « idée ». Et ce n'est pas tout. Quelle est cette liberté que nous supposons être l'essence du *citoyen*? Est-ce la liberté politique qui devrait le plus naturellement être l'objet principal de ses soins ? Pas le moins du monde ! Supposer cela, ce serait faire du « citoyen » un démocrate « autoritaire ». C'est la *liberté* « *absolue* » *de l'individu* qui est en même temps « *adéquate et identique à l'ordre* », que notre citoyen « cherche » dans le gouvernement. En d'autres termes, c'est l'anarchie de Proudhon qui est l'essence du « citoyen ». On ne saurait faire une découverte plus agréable, mais la « biographie » de cette découverte donne à réfléchir. En effet, nous avons voulu détruire tous les arguments en faveur de l'idée d'Autorité, comme *Kant* a détruit toutes les preuves de l'existence de Dieu. Pour arriver à ce but, nous avons supposé que c'est la liberté que le citoyen cherche dans le gouvernement, en imitant un peu *Feuerbach*, d'après qui l'homme adore en Dieu sa propre essence. Et pour la liberté, nous l'avons, d'un coup de main, transformée en liberté « absolue », liberté anarchiste. Un, deux, trois, le tour est joué !

Puisque le citoyen ne cherche dans le gouvernement que la

impôt, sans emprunt, sans numéraire, sans papier-monnaie, sans maximum, sans réquisition, sans banqueroute, sans loi agraire, sans taxe des pauvres, sans ateliers nationaux, sans association (!), sans participation, sans intervention de l'État, sans entrave à la liberté du commerce et de l'industrie, sans atteinte à la propriété, bref, et surtout *sans aucune lutte de classe*. Une idée vraiment « immortelle » et digne de l'admiration de tous ces bourgeois pacifiques, sentimentaux ou farouches, blancs, bleus ou rouges !

liberté « absolue », l'*Etat* n'est qu'une *fiction* (« *Cette fiction d'une personne supérieure appelée l'Etat* »), et toutes ces formules gouvernementales, pour lesquelles les peuples et les citoyens s'entr'égorgent depuis soixante siècles, ne sont qu'une *fantasmagorie* de notre esprit.

Dire que l'homme adore un Dieu, c'est indiquer *l'origine* de la religion, mais ce n'est pas encore faire sa « biographie ». Faire la biographie de la religion, c'est écrire son histoire *en expliquant l'évolution de cette essence de l'homme*, qui trouvait en elle son expression. Feuerbach ne l'a pas fait, il n'a pas pu le faire. En voulant imiter Feuerbach, Proudhon fut très loin de comprendre l'insuffisance de son point de vue. Tout ce qu'il a fait, c'est avoir pris Feuerbach pour Kant et avoir *singé* son Kant-Feuerbach d'une façon tout à fait pitoyable. Il a entendu dire que la Divinité est une fiction; il a conclu que l'Etat l'est aussi. Puisque Dieu n'existe pas, comment voulez-vous que l'Etat existe? Proudhon voulait combattre l'Etat; il a commencé par nier son existence, et les lecteurs de la *Voix du Peuple* d'applaudir, et les ennemis de M. Proudhon de s'effrayer de la profondeur de son esprit philosophique. C'était une véritable tragicomédie.

Il est presque inutile, pour les lecteurs modernes, d'ajouter qu'en prenant l'Etat pour une fiction, nous nous mettons dans l'impossibilité complète de comprendre son « essence » et d'expliquer son évolution historique. C'est ce qui arriva à Proudhon.

« Je distingue en toute société deux espèces de constitutions,
« dit-il : l'une que j'appelle *sociale*, l'autre, qui est la constitu-
« tion *politique*; la première intime à l'humanité, libérale, néces-
« saire et dont le développement consiste surtout à affaiblir et
« écarter peu à peu la seconde, essentiellement factice, restrictive
« et transitoire. La constitution sociale n'est autre chose que
« l'équilibre des intérêts fondé sur le libre *Contrat* et l'organisa-
« tion des *forces économiques*, qui sont en général : le *Travail*,
« la *Division du travail*, la *Force collective*, la *Concurrence*, le
« *Commerce*, la *Monnaie*, les *Machines*, le *Crédit*, la *Propriété*,
« *l'Egalité dans les transactions*, la *Réciprocité des garanties*, etc.

« La constitution politique a pour principe l'Autorité. Ses
« formes sont : la Distinction des classes, la Séparation des pou-
« voirs, la Centralisation administrative, la Hiérarchie judiciaire,
« la Représentation de la souveraineté par l'élection, etc. Elle a
« été imaginée et s'est complétée successivement dans l'intérêt
« de l'ordre, à défaut de la constitution sociale dont les principes
« et les règles n'ont pu être découverts qu'à la suite de longues
« expériences, et font encore aujourd'hui l'objet des controverses
« socialistes.

« Ces deux constitutions, comme il est facile de le voir, sont de
« nature absolument diverses et même incompatibles : mais
« comme il est dans la destinée de la constitution politique de pro-
« voquer et de produire incessamment la constitution sociale, tou-
« jours quelque chose de celle-ci se glisse et se pose dans celle-là,
« qui, bientôt rendue insuffisante, paraissant contradictoire et

« odieuse, se trouve poussée de concession en concession à une
« abrogation définitive. » (1).

La constitution sociale est intime à l'humanité, *nécessaire*. Pour·
tant elle n'a pu être découverte qu'à la suite de longues expériences, et à son défaut l'humanité a dû imaginer la *constitution politique*. N'est-ce pas là une conception tout à fait utopiste de la
nature humaine et de l'organisation sociale qui lui est intime ? Ne
revenons-nous pas au point de vue de *Morelly*, disant que l'humanité, au cours de son histoire, a toujours été « *hors de la
nature?* » Non, car nous n'avons pas besoin d'y *revenir :* avec
Proudhon nous ne l'avons pas quitté un seul instant. En regar-
dant de haut en bas les utopistes à la recherche de *la meilleure
forme de gouvernement*, Proudhon ne condamne pas le point de
vue utopiste. Il se moque seulement du peu de perspicacité des
hommes qui n'ont pas deviné que la meilleure organisation politique, c'est l'absence de toute organisation politique, c'est l'organisation conforme à la nature humaine, nécessaire, *intime à l'humanité*.

La nature de la constitution sociale est absolument différente de
celle de la constitution politique et même incompatible avec elle.
Néanmoins, il est de la « *destinée* » de la constitution politique de
provoquer et de produire incessamment la constitution sociale.
C'est énormément confus ! On se sortirait pourtant d'embarras en
supposant que Proudhon veut dire ceci : La constitution politique
influe sur l'évolution de la constitution sociale. Mais ici une question se dresse inévitablement : la constitution politique n'a-t-elle
pas à son tour sa racine dans la question sociale d'un pays comme
l'admettait déjà Guizot? Selon notre auteur — *non*, d'autant plus
non, que l'organisation sociale, la vraie et l'unique, n'est que
l'affaire de l'avenir ; c'est à son défaut que la pauvre humanité
« imagina » la constitution politique. Du reste, la « constitution politique » de Proudhon a un domaine très vaste : elle embrasse
même la « *distinction des classes* » et, par conséquent, la *propriété*
non « organisée », la propriété telle qu'elle ne devrait pas être,
la propriété telle qu'elle est aujourd'hui. Et puisque toute cette
constitution n'a été imaginée qu'en attendant l'organisation anarchiste de la société, il est évident que toute l'histoire humaine n'a
été qu'une immense méprise. L'Etat· n'est pas précisément une
fiction, comme l'avançait Proudhon en 1849 ; « les formules gouvernementales pour lesquelles les peuples et les citoyens s'entr'égorgent depuis soixante siècles » ne sont pas non plus une simple « fantasmagorie de notre esprit », comme le croyait le même
Proudhon à la même époque; mais ces formules ne sont, comme
l'Etat, comme toute la constitution politique que le produit de
l'ignorance humaine, mère des fictions et des fantasmagories. Au
fond, c'est toujours la même chose. Le principal, c'est que l'organisation anarchiste « *sociale* » n'a pu être découverte « qu'à la

---

(1) *Les Confessions d'un révolutionnaire*, édition de 1868, tome IX des œuvres
complètes de P.-G. Proudhon, pp. 166-167.

suite de longues expériences. » Le lecteur voit bien comme c'est regrettable.

La constitution politique a une influence incontestable sur l'organisation sociale ; elle la provoque au moins, et c'est là sa « destinée », révélée par Proudhon, maître en philosophie kantienne et en organisation sociale. La conclusion la plus logique qui en découle, c'est que les partisans de l'organisation sociale doivent s'appuyer sur l'organisation politique pour arriver à leur but. Mais toute logique qu'elle est, elle n'est pas du goût de notre auteur. Elle n'est pour lui qu'une fantasmagorie de notre esprit. S'appuyer sur la constitution politique, c'est faire des offrandes au Dieu terrible de l'autorité, c'est prendre part à la lutte des partis. Proudhon ne veut rien de cela. « *Plus de partis, plus d'autorité; liberté absolue de l'homme et du citoyen* : en trois mots, voilà notre profession de foi politique et sociale », dit-il (1).

Chaque lutte de classe est une lutte politique. Celui qui ne veut pas entendre parler de lutte politique renonce par cela même à prendre une part quelconque à la lutte de classe. C'est bien le cas de Proudhon. Dès le commencement de la révolution de 1848, il prêchait la conciliation des classes. Voici, par exemple, un passage de la circulaire qu'il adressa à ses électeurs du Doubs et qui date du 3 avril de la même année :

« La question sociale est posée. Vous n'y échapperez pas. Pour
« la résoudre, il faut des hommes qui unissent à l'extrême de
« l'esprit radical l'extrême de l'esprit conservateur. Travailleurs,
« tendez la main à vos patrons ; et vous, patrons, ne repoussez
« pas l'avance de ceux qui furent vos salariés. »

L'homme, que Proudhon croyait réunir l'extrême de l'esprit radical et l'extrême de l'esprit conservateur c'était lui-même, J.-P. Proudhon. Il y a là d'un côté une fiction commune à tous les utopistes qui s'imaginaient pouvoir s'élever au-dessus des classes et de leurs luttes et qui croyaient naïvement que toute l'histoire ultérieure de l'humanité devait se réduire à la propagande pacifique de leur nouvel évangile. Mais d'un autre côté cette tendance à réunir le radicalisme et le conservatisme révèle on ne peut plus clairement l' « *essence* » même du « *père de l'anarchie* ». Proudhon était le représentant le plus typique du *socialisme des petits bourgeois*. Or, la « destinée » du petit bourgeois — tant qu'il ne se place pas au point de vue du prolétariat — est d'osciller sans cesse entre le radicalisme et le conservatisme. Pour rendre plus compréhensible ce que nous venons de dire, il faut se rappeler en quoi consistait le plan de l'organisation sociale proposée par Proudhon.

Laissons notre auteur parler lui-même. Il va sans dire qu'en lui laissant la parole nous ne pouvons avoir affaire qu'à un Kant plus ou moins authentique.

« Ainsi, la marche que nous nous proposons de suivre, en

____

(1) *Confessions*, pp. 25-26.

« traitant la question politique et en préparant les matériaux
« d'une révision constitutionnelle sera la même que nous avons
« suivie jusqu'à ce jour en traitant la question sociale. La *Voix*
« *du Peuple*, en complétant l'œuvre des deux journaux, ses pré-
« décesseurs, sera fidèle à leurs errements (1).

« Que disions-nous dans ces deux feuilles, tombées l'une après
« l'autre sous les coups de la réaction et de l'état de siège? —
« Nous ne demandions point, comme l'avaient fait jusqu'alors nos
« devanciers et nos confrères : Quel est le meilleur système de
« communauté? La meilleure organisation de la propriété? Ou
« bien encore : lequel vaut mieux de la propriété ou de la com-
« munauté? De la théorie de Saint-Simon ou de celle de Fourier?
« Du système de Louis Blanc ou de celui de Cabet? — A l'exemple
« de Kant nous posions ainsi la question ; comment est-ce que
« l'homme possède? comment s'acquiert la propriété? comment se
« perd-elle? Quelle est la loi de son évolution et de sa transforma-
« tion? Où va-t-elle? Que veut-elle? Que représente-t-elle enfin?...
« Comment ensuite est-ce que l'homme travaille? Comment s'éta-
« blit la comparaison des produits? Comment s'opère la circula-
« tion dans la société? A quelles conditions? Suivant quelles lois?
« Et la conclusion de toute cette monographie de la propriété a
« été celle-ci : La propriété indique fonction ou rétribution ; la
« communauté réciprocité d'action ; l'usure toujours décrois-
« sante, identité du travail et du capital (*sic !*). Pour opérer le
« dégagement et la réalisation de tous ces termes jusqu'à présent
« enveloppés dans les vieux symboles propriétaires, que faut-il ?
« Que les travailleurs se garantissent les uns aux autres le travail
« et le débouché ; à cette fin qu'ils acceptent comme monnaie
« leurs obligations réciproques. Eh bien ! nous disons aujour-
« d'hui : la liberté politique résultera pour nous comme la liberté
« industrielle de notre mutuelle garantie. C'est en nous garantis-
« sant les uns aux autres la liberté que nous nous passerons de
« ce gouvernement dont la destination est de symboliser la devise
« républicaine : *Liberté ! Egalité! Fraternité!* laissant à votre
« intelligence le soin d'en trouver la réalisation. Or, quelle est la
« formule de cette garantie politique et libérale ? Présentement le
« suffrage universel ; plus tard, le libre contrat... Réforme éco-
« nomique et sociale par la garantie mutuelle du crédit ; réforme
« politique par la transaction des libertés individuelles ; tel est le
« programme de la *Voix du Peuple*. » (2)

Nous ajouterons à cela qu'il n'est pas difficile de faire la « biographie » de ce programme.

Dans une société de producteurs de marchandises, l'échange
des produits se fait d'après le travail socialement nécessaire pour

---

(1) Il parle des journaux *Le Peuple* et le *Représentant du Peuple* qu'il publiai
avant la *Voix du Peuple*, en 1848-1849.

(2) *Confessions*, p. 7-8.

leur préparation. Le travail est la source et la mesure de la valeur d'échange. Cela paraît on ne plus « *juste* » à tout homme imbu des idées engendrées par la société des producteurs de marchandises. Malheureusement, cette « justice » n'est pas « éternelle » comme rien ne l'est ici-bas. Le développement de la production de marchandises entraîne nécessairement la transformation de la plus grande partie de la société en prolétaires ne possédant que leur force de travail et d'une autre partie en capitalistes qui, achetant cette force, l'unique marchandise des prolétaires, en font la source de leur propre enrichissement. En travaillant pour le compte du capitaliste, le prolétaire produit le revenu de son exploiteur en même temps que sa propre misère, sa propre dépendance sociale. Est-ce assez injuste cela? Le partisan de la « justice » des producteurs de marchandises déplore le sort des prolétaires, il tonne contre le capital. Mais il tonne en même temps contre les tendances révolutionnaires des prolétaires qui parlent de l'expropriation des exploiteurs et de l'organisation communiste de la production. Le communisme, c'est l'injuste, c'est la tyrannie la plus odieuse ! Ce qu'il faut *organiser*, ce n'est pas la *production*, c'est l'échange, assure-t-il. Mais comment organiser l'échange? C'est très facile, et ce qui se passe journellement sous nos yeux affligés peut nous servir d'indice. Le travail est la source et la mesure de la *valeur* des marchandises. Mais le *prix* des marchandises est-il toujours déterminé par leur valeur? Est-ce que les prix ne varient pas continuellement selon la rareté ou l'abondance des produits ? La valeur d'une marchandise et son prix ne sont pas identiques et c'est là le malheur, notre grand malheur à nous tous, pauvres et honnêtes gens qui ne voulons que la justice, qui n'aspirons à avoir que ce qui est à nous. Pour résoudre la question sociale, il faut donc mettre fin à l' « *arbi-traire du prix* », à l' « *anomalie de la valeur* » (expressions propres de Proudhon). Et pour cela il faut « *constituer la valeur* », c'est-à-dire, faire en sorte que chaque producteur reçoive en échange de sa marchandise, toujours juste ce qu'elle coûte. Alors la propriété privée non seulement cessera d'être le *vol*, mais elle deviendra l'expression la plus adéquate de la justice. Constituer la valeur, c'est constituer la petite propriété privée, et la petite propriété privée une fois constituée, tout sera justice et bonheur dans notre monde livré maintenant à la misère et à l'injustice. Et que les prolétaires, qui n'ont aucun moyen de production y fassent attention : en se garantissant un *crédit gratuit*, tous ceux qui veulent travailler se trouveront, comme par un coup de baguette magique, posséder tout ce qu'il faut pour produire.

La petite propriété et la petite production morcelée, sa base économique, a toujours été le rêve de Proudhon. Le grand atelier mécanique moderne lui a toujours inspiré une aversion profonde. Il dit que le travail, comme l'amour, fuit la société. Sans doute, il y a certaine industrie — Proudhon cite les chemins de fer — où l'association est de rigueur. Là, le travailleur isolé doit céder la place aux « *compagnies ouvrières* ». Mais l'exception ne fait que confirmer la règle (1). La petite propriété privée doit être la base de l' « organisation sociale ».

La petite propriété privée tend à disparaître... La vouloir non seulement conserver, mais transformer en base de la nouvelle organisation sociale, c'est de l'extrême conservatisme. — Vouloir en même temps mettre fin à « l'exploitation de l'homme par l'homme », au système du salariat, c'est en vérité unir aux tendances les plus conservatrices, les vœux les plus radicaux.

Nous ne voulons pas critiquer ici cette utopie de petit bourgeois. Sa critique a déjà été faite de main de maître dans les œuvres de Marx : « *La Misère de la philosophie* » et « *Critique de l'économie politique* ». Nous observerons seulement ce qui suit.

Le seul lien qui unit entre eux les producteurs de marchandises sur le terrain économique, c'est l'échange. Au point de vue juridique l'échange apparaît comme le rapport de deux volontés. Le rapport des deux volontés trouve son expression dans le *Contrat*. La production de marchandises dûment constituée est donc le règne de la liberté individuelle « absolue » : en m'obligeant, par un contrat, à faire telle ou telle chose, à livrer telle ou telle marchandise, je ne renonce pas à ma liberté; loin de là! J'en profite pour entrer en relations avec mon prochain. Mais en même temps le contrat est un régulateur de ma liberté : en remplissant le devoir que je me suis librement imposé par la signature du contrat, je rends justice aux droits d'autrui. C'est ainsi que la liberté « absolue » devient « adéquate à l'ordre ». — Appliquez la notion du *contrat* à la critique de la « constitution pratique », et vous avez l' « *Anarchie* ».

« L'idée du contrat est exclusive de celle du gouvernement...
« Ce qui caractérise le contrat, la convention commutative, c'est
« qu'en vertu de cette convention la liberté et le bien-être de
« l'homme augmentent tandis que par l'institution d'une autorité
« l'une et l'autre nécessairement diminuent... Que si tel est le
« contrat dans son acception la plus générale et dans sa pratique
« quotidienne, que sera le contrat social, celui qui est censé relier
« tous les membres d'une nation dans un même intérêt?

« Le contrat social est l'acte suprême par lequel chaque citoyen
« engage à la société son amour, son intelligence, son travail, ses
« services, ses produits, ses biens en retour de l'affection, des
« idées, travaux, produits, services et biens de ses semblables :
« la mesure du droit pour chacun étant déterminée toujours par
« l'importance de son apport et le recouvrement exigible au fur et
« à mesure des livraisons... Le contrat social doit être librement
« débattu, individuellement consenti, signé *manu propria*, par

(1) Pour Proudhon « le principe d'association invoqué par la plupart des *écoles* (il entend les écoles socialistes), principe essentiellement stérile, n'est ni une force industrielle, ni une loi de l'économie... ce serait plutôt du gouvernement et de l'obéissance deux termes qu'*exclut* la Révolution ». (*Idée générale de la Révolution au XIX⁰ siècle*, deuxième édition, Paris, 1851, p. 193).

« tous ceux qui y participent. — ... Le contrat social est de l'es-
« sence du contrat commutatif : Non seulement, il laisse au con-
« tractant l'intégralité de ses biens, il ajoute encore à sa propriété;
« il ne prescrit rien à son travail, il ne porte que sur les échan-
« ges... Tel doit être, d'après les définitions du droit et la pratique
« universelle, le contrat social (1). »

Une fois admis, comme principe incontestable et fondamental,
que le *contrat* est le « seul lien moral que puissent accepter des
êtres égaux et libres », rien de plus facile que de faire une critique
« radicale » de la constitution politique. S'agit-il de la justice du
droit pénal, par exemple ? Eh bien ! Proudhon vous demandera :
en vertu de quel contrat la société s'attribue le droit de punir les
criminels ?

« Là où il n'y a pas de convention, il ne peut y avoir, au fors
« extérieur, ni crime ni délit... La loi, c'est l'expression de la
« souveraineté du peuple, c'est-à-dire, ou je ne m'y connais pas,
« le contrat social, l'engagement personnel de l'homme et du
« citoyen. Tant que je ne l'ai pas voulue, cette loi, tant que je ne
« l'ai pas consentie, votée, signée, elle ne m'oblige point, elle
« n'existe pas. La préjuger avant que je la reconnaisse et vous
« en prévaloir contre moi malgré ma protestation, c'est lui don-
« ner un effet rétroactif, et la violer elle-même. Tous les jours il
« vous arrive de casser un jugement pour un vice de forme. Mais
« il n'est pas un de vos actes qui ne soit entaché de nullité et de
« la plus monstrueuse des nullités : la supposition de la loi. Souf-
« flard, Lacenaire, tous les scélérats que vous envoyez au supplice
« s'agitent dans leur fosse et vous accusent de faux judiciaire.
« Qu'avez-vous à leur répondre ? » (2).

S'agit-il de l' « *administration* » et de la police, Proudhon
entonne la même chanson du contrat et du consentement volon-
taire.

« Ne pouvons-nous pas administrer nos biens, régler nos comp-
« tes, transiger nos différends, pourvoir à nos intérêts communs
« tout aussi bien au moins que nous pouvons veiller à notre salut
« et soigner nos âmes? Qu'avons-nous à faire et de la législation
« de l'Etat, et de la justice de l'Etat, et de la police de l'Etat, et de
« l'administration de l'Etat plus que de la religion de l'Etat ? » (3).

Quant au ministère des finances, « il est évident que sa raison
d'être est tout entière dans les autres ministères. Supprimez
l'attelage politique, vous n'avez que faire d'une administration
dont l'unique objet est de lui procurer et distribuer la nourriture. » (4).

(1) *Idée générale de la Révolution au XIXe siècle*, deuxième édition , Paris, 1851
pages 124-127.

(2) *Idée générale de la Révolution*, pp. 298 299.

(3) *Ibid.*, p. 301.

(4) *Ibid.*, p. 324.

C'est logique et c'est « radical », d'autant plus radical que la formule de Proudhon, la valeur constituée, le contrat libre est une *formule universelle*, facilement et même nécessairement applicable à tous les peuples.

« Il en est, en effet, de l'économie politique comme des autres « sciences : elle est fatalement la même par toute la terre ; elle ne « dépend pas des convenances des hommes et des nations, elle ne « se soumet au caprice de personne. Il n'y a pas une économie « politique russe, anglaise, autrichienne, tartare ou hindoue, pas « plus qu'une physique ou une géométrie hongroise, allemande « ou américaine. La vérité est égale partout à elle-même. La « science est l'unité du genre humain. Si donc la science — non « plus la religion ou l'autorité — est prise en chaque pays pour « règle de la société, arbitre souverain des intérêts, le gouverne- « ment devenant nul, toutes les législations de l'univers sont « d'accord. » (1).

En voilà assez. La « biographie » de ce que Proudhon appelait son programme nous est maintenant bien connue. Dans la *partie économique*, il n'est qu'une utopie de petit bourgeois fermement convaincu que la production de marchandises est le plus « juste » de tous les modes de production possibles et qui veut éliminer ses mauvais côtés (de là son « *radicalisme* ») en conservant pour toute l'éternité ses avantages (de là son « *conservatisme* »). Dans sa *partie politique*, ce programme n'est que l'application aux rapports publics d'une notion (le « *contrat* ») puisée dans le domaine du droit privé de la société des producteurs de marchandises. La « *valeur constituée* » en économie, le « *contrat* » en politique, — voilà toute la « vérité » scientifique de Proudhon. Il a beau combattre les utopistes, il est utopiste lui-même jusqu'au bout des ongles. Ce qui le distingue des hommes comme *Saint-Simon*, *Fourier* et *R. Owen*, c'est la pauvreté et l'étroitesse extrême de l'esprit, c'est la haine de tout mouvement et de toute idée *vraiment révolutionnaire*.

Proudhon critiquait la « *Constitution politique* » au point de vue du *droit privé*. Il voulait éterniser la propriété privée et détruire à jamais l'État, la « fiction » pernicieuse. Déjà, Guizot disait que la constitution politique d'un pays a sa racine dans *l'état des propriétés* de ce pays. Pour Proudhon, la constitution politique ne doit son origine qu'à *l'ignorance humaine*, elle n'a été « imaginée » qu'à défaut de « l'organisation sociale » inventée enfin par lui Proudhon, *anno domini*, etc..... Il juge de l'histoire politique de l'humanité comme un utopiste.

Mais la négation utopiste de la réalité ne nous préserve point de son influence. Niée sur *une* page d'une œuvre utopiste, elle prend sa revanche sur *une autre*, où elle apparaît parfois dans toute sa nudité. Ainsi, Proudhon « nie » l'État. « Non, non, je ne veux pas de l'État, même pour serviteur ; je repousse le gouvernement,

_____

(1) *Ibid.*, p. 328.

même direct », répète-t-il à satiété. Mais, ô ironie de la réalité !
Savez-vous comment il « s'imagine » la constitution de la valeur ?
C'est curieux !

La constitution de la valeur, c'est la *vente à juste prix*, à *prix de
revient* (1). Si le négociant refuse de livrer sa marchandise à prix
de revient, c'est qu'il n'a pas la certitude de vendre en quantité
suffisante pour se former un revenu ; en second lieu, rien ne lui
garantit qu'il obtiendra la réciproque pour ses achats. Il lui faut
donc des garanties. Et ces garanties, elles peuvent « exister de
plusieurs manières ». En voici une :

« Supposons que le gouvernement provisoire ou l'Assemblée
« Constituante... eût voulu sérieusement faire reprendre les
« affaires, relever le commerce, l'industrie, l'agriculture, arrêter
« les dépréciations de la propriété, assurer du travail aux ou-
« vriers... on le pouvait en garantissant, par exemple, aux dix
« mille premiers entrepreneurs, fabricants, manufacturiers, com-
« merçants, etc., de toute la République, l'intérêt à 5 p. 0/0 des
« capitaux que chacun d'eux engagerait dans les affaires jusqu'à
« concurrence, en moyenne, de 100,000 francs... Il est évident
« que l'Etat.. » (2).

Il suffit ! « Il est évident que l'Etat » s'impose à Proudhon, au
moins « *comme serviteur*... » et cela avec une force si irrésistible que notre auteur finit par se rendre et il le proclame solen-
nellement :

« Oui, je le dis, bien haut : les associations ouvrières de Paris
« et des départements, tiennent en leurs mains le salut du peuple,
« l'avenir de la révolution. Elles peuvent tout, si elles savent ma-
« nœuvrer avec habileté. Il faut qu'une recrudescence d'énergie
« de leur part porte la lumière dans les intelligences les plus
« épaisses et fasse mettre à l'ordre du jour, aux élections de 1852
« (il écrivait ceci en été 1851), et en première ligne, la *Constitution*
« *de la valeur.* » (3).

Ainsi, *plus de partis ! Pas de politique !* quand il s'agit de la
lutte de classes, et : *Vive la politique ! Vive l'agitation électorale !
Vive l'action de l'Etat !* quand il s'agit de la réalisation de la plate
et maigre utopie de Proudhon.

« Destruam et ædificato », dit Proudhon. Il y a là beaucoup de
cette vanité trompeuse qui lui est si propre. Mais d'un autre côté,
c'est, pour nous servir de cette expression de Figaro, la vérité la
plus vraie de tout ce qu'il a dit dans sa vie. *Il détruit et il édifie.*
Seulement le « mystère » de sa *destructio* se révèle entièrement
par la formule : « *Le contrat résout tous les problèmes* ». Le mystère de son *ædificatio* est dans la force de la réalité bourgeoise,

(1) Ibid., p. 266.

(2) C'est ainsi que Proudhon comprenait la détermination de la valeur par le travail. Il
n'a jamais pu comprendre un Ricardo.

(3) *Idée générale etc.*, p. 265.

sociale et politique, avec laquelle il se concilie d'autant plus facilement qu'il ne réussit à lui « arracher » aucun de ses « secrets ».

Proudhon ne veut pas entendre parler de l'Etat. Et pourtant, abstraction faite des propositions pratiques dans le genre de la constitution de la valeur pour lesquelles il s'adresse à l'odieuse « fiction », *même en théorie* il « édifie » l'Etat aussitôt l'avoir « détruit ». Ce qu'il enlève à l'*Etat*, il en gratifie les « *communes* » et les « *départements* ». A la place d'un grand Etat, nous voyons « édifiée » une série d'Etats minimes, à la place d'une grande « fiction » une quantité de petites. A la fin des comptes, « l'anarchie » se réduit au *Fédéralisme* qui, entre autres avantages, a celui de rendre beaucoup plus difficile que dans un Etat *centralisé* le succès des mouvements révolutionnaires (1). Ainsi finit « l'idée générale de la Révolution » de Proudhon.

Chose curieuse! C'est *Saint-Simon* qui est le « père » de l'anarchie de Proudhon. Saint-Simon a dit que le but de l'organisation sociale, c'est la *production* et que, par conséquent, la science politique doit se réduire à l'économie, l'art de *gouverner les hommes* doit céder la place à celui d'*administrer les choses*. Il a comparé l'espèce humaine à l'individu qui, obéissant à ses parents pendant son enfance, finit par n'obéir qu'à lui-même à l'âge mûr. Proudhon s'empara de cette idée et de cette comparaison, et, la constitution de la valeur aidant, « édifia » l'anarchie. Mais l'homme au génie fécond, Saint-Simon, serait le premier à s'effrayer de ce que fit de sa théorie politique le socialiste petit bourgeois. Le socialisme scientifique moderne a su bien autrement développer la théorie de Saint-Simon. En expliquant l'origine historique de l'Etat, il indique *par cela même*, les conditions de sa disparition future.

« L'Etat était la représentation officielle de toute la société, son
« incarnation dans un corps visible, mais il ne l'était que tant
« qu'il était l'Etat de la classe qui, pour son temps, représentait la
« société tout entière. Dans l'antiquité, l'Etat des possesseurs d'es-
« claves; au moyen-âge, l'Etat des féodaux ; de nos temps, l'Etat
« de la bourgeoisie ; mais du moment qu'il devient *réellement* le
« représentant de la société toute entière, il devient *inutile*. Dès
« qu'il n'existe plus de classe à maintenir dans l'oppression, dès
« que la domination de classe, la lutte pour l'existence basée sur
« l'anarchie de la production, les collisions et les excès qui en
« découlent sont balayés, il n'y a plus rien à réprimer, un Etat
« devient inutile. Le premier acte par lequel l'Etat se constituera
« réellement le représentant de toute la société, — la prise de
« possession des moyens de production au nom de la société —
« sera en même temps son dernier acte comme Etat. L'ingérence
« d'une puissance gouvernementale dans les rapports sociaux,
« devient superflue et disparaît d'elle-même. Le gouvernement des
« personnes fait place à l'administration des choses et à la direc-
« tion des procédés de production. L'Etat n'est pas à détruire : il
« meurt. » (2)

(1) Voir le livre « Du principe fédératif ».
(2) Frédéric Engels. Socialisme utopique et Socialisme scientifique.

Bakounine.

Nous avons vu que, dans leur critique de la « constitution politique », les « pères » de l'anarchie restaient toujours *sur le point
de vue utopiste*. Ils s'appuyaient chacun sur un principe abstrait :
Stirner sur celui du « *Moi* », *Proudhon* sur celui du « *Contrat* ».
Le lecteur a également vu que les deux « pères » étaient des *individualistes de la plus belle eau*.

L'influence de l'individualisme proudhonien fut, pendant un certain temps, très forte dans les pays de langue latine (*France, Belgique, Italie, Espagne*) et slaves (surtout *Russie*). L'histoire inté-
rieure de l'*Association Internationale des Travailleurs*, c'est
l'histoire de la lutte entre le proudhonisme et le socialisme
moderne de Marx. Non-seulement des hommes comme *Tolain, Ché-
maléou Murat*, mais des gens de beaucoup supérieurs à eux, comme
De Paepe, par exemple, n'étaient que des « *mutuellistes* » plus ou
moins opiniâtres, plus ou moins conséquents, mais plus le mouvement ouvrier se développait et plus il devenait évident que le
« mutuellisme » ne pouvait être son expression théorique. Aux
Congrès internationaux, les mutuellistes ont été forcés, par la
logique des choses, de voter des *résolutions communistes*. C'est ce
qui arriva, par exemple, à Bruxelles, à propos de la discussion sur
la propriété foncière (1). Peu à peu, l'aile gauche de l'armée prou-

(1) « ... Parmi ceux qui se disent mutuellistes et dont les idées économiques se rattachent
généralement aux théories de Proudhon, en ce sens qu'ils veulent, comme le grand écrivain révolutionnaire, la suppression de tous les prélèvements du capital sur le travail, la
suppression de l'intérêt, la réciprocité des services, l'égal échange des produits sur la
base du prix de revient, le crédit gratuit réciproque, plusieurs ont voté pour l'entrée du
sol à la propriété collective. Tels sont les quatre délégués français : Aubry, de Rouen ;
Delacour, de Paris ; Richard, de Lyon, et Lemonnier, de Marseille ; et parmi les Belges :
les compagnons Ch. Martens, Verrieken, de Paepe, Maréchal, etc. Pour eux, il n'y a
point de contradiction entre le mutuellisme applicable à l'échange des services et des produits en prenant pour base le prix de revient, c'est-à-dire la quantité de travail contenue
dans les services et produits, et la propriété collective, applicable au sol, lequel n'est pas
un produit du travail, et, par suite, ne leur paraît pas devoir tomber sous la loi de
l'échange, sous la loi de la circulation ». (Réponse faite à un article du Dr Coullery, dans
la *Voix de l'Avenir*, de septembre 1868, par les Belges : *Vandenhouten, De Paepe,
Delesalle, Hermann, Delplanque, Roclants, Guill. Brasseur*, imprimée dans le même
journal et reproduite comme *pièce justificative*, dans le « *Mémoire de la Fédération
Jurassienne* », Sonvillier, 1873, pp. 19-20.

dhonienne abandonna le terrain de l'individualisme pour se retrancher sur celui du « collectivisme. »

Le mot : *collectivisme* était employé, dans ce temps-là, dans un sens tout-à-fait opposé à celui qu'il a maintenant dans la bouche des *marxistes* français, comme *Jules Guesde* et ses amis. Le champion le plus marquant du collectivisme était alors *Michel Bakounine.*

En parlant de ce personnage, nous passerons sous silence et sa propagande en faveur de la philosophie hégélienne, tant bien que mal comprise par lui, et son rôle dans le mouvement révolutionnaire de 1848, et ses écrits panslavistes du commencement et sa brochure « *Romanow, Pougatschew ou Pestel* (1) (Londres, 1862), où il promettait de se ranger du côté d'Alexandre II, si celui-ci consentait à devenir un *czar des moujiks;* — ce qui nous concerne ici, c'est exclusivement sa théorie du *collectivisme anarchiste.*

Membre de la « *Ligue de la Paix et de la Liberté* », Bakounine proposa à cette association parfaitement bourgeoise, à son congrès de Berne, 1869, de se prononcer pour « *l'égalisation économique et sociale des classes et des individus.* » D'autres délégués, entre autres Chaudey, lui reprochèrent de préconiser le « *communisme.* » Voici en quels termes indignés il protesta contre cette accusation :

« Parce que je demande l'égalisation économique et sociale des classes et des individus, parce qu'avec le Congrès des travailleurs de Bruxelles, je me suis déclaré partisan de la propriété collective, on m'a reproché d'être communiste. Quelle différence, m'a-t-on dit, faites-vous entre le communisme et la collectivité ? Je suis étonné vraiment que M. Chaudey ne la comprenne pas, cette différence, lui, l'exécuteur testamentaire de Proudhon ! Je déteste le communisme, parce qu'il est la négation de la liberté et que je ne puis concevoir rien d'humain sans la liberté. Je ne suis point communiste, parce que le communisme concentre et fait absorber toutes les puissances de la société dans l'Etat, parce qu'il aboutit nécessairement à la centralisation de la propriété entre les mains de l'Etat, tandis que moi, je veux l'abolition de l'Etat, — l'extirpation radicale de ce principe de l'autorité et de la tutelle de l'Etat, qui, sous le prétexte de moraliser et de civiliser les hommes, les a jusqu'à ce jour asservis, opprimés, exploités et dépravés. Je veux l'organisation de la Société et de la propriété collective ou sociale de bas en haut, par la voie de la libre association et non du haut en bas par le moyen de quelque autorité que ce soit. Voulant l'abolition de l'Etat, je veux l'abolition de la propriété

---

(1) *Romanow* — nom que se donne la dynastie régnante en Russie, qui provient, — abstraction faite de l'adultère avoué par Catherine II elle-même dans ses mémoires, — de Pierre III, mari de Catherine II et prince de *Holstein-Kottorp, Pugatschew,* le faux Pierre III, un cosaque qui se mit à la tête d'une Jacquerie russe, en 1773 ; *Pestel,* — un républicain conspirateur, pendu par Nicolas en 1826.

individuellement héréditaire, qui n'est qu'une institution de l'Etat, rien qu'une conséquence du principe même de l'Etat. Voilà dans quel sens, Messieurs, je suis collectiviste et pas du tout communiste ? »

Ce n'est pas bien clair comme exposition de principes. Mais c'est assez significatif au point de vue « *biographique* ».

Nous n'insisterons pas sur ce qu'il y a d'inepte dans ces mots « *l'égalisation économique et sociale des classes* », le Conseil général de l'Internationale en a fait justice il y a longtemps (1). Nous remarquerons ce qui suit.

Les citations ci-dessus font voir que Bakounine :

1° Combat l'Etat et le « communisme » au nom de « la plus entière liberté de tout le monde » ;

2° Combat la propriété « individuellement héréditaire » au nom de l'égalité économique ;

3° Tient cette propriété pour « une institution de l'Etat », pour une « conséquence du principe même de l'Etat » ;

4° N'a rien contre la propriété individuelle, si elle n'est pas héréditaire; n'a rien contre le droit d'héritage s'il n'est pas individuel.

En d'autres termes :

1° Bakounine est parfaitement d'accord avec Proudhon en ce qui concerne la « négation » de l'Etat et du communisme ;

2° A cette négation, il en ajoute une autre, celle de la propriété individuellement héréditaire ;

3° Son progamme n'est qu'une somme obtenue par l'addition des deux principes abstraits : celui de la *liberté* et celui de *l'égalité*; ces deux principes, il les applique à la critique de l'ordre des choses existant l'un après l'autre et l'un indépendamment de l'autre; il ne se demande point si les résultats d'une de ces négations peuvent se concilier avec ceux de l'autre ;

4° Il comprend aussi peu que Proudhon l'origine de la propriété privée et le rapport de cause qui existe entre son évolution et le développement des formes politiques.

5° Il ne se rend pas un compte exact de ce que signifient les mots individuellement héréditaire.

Si Proudhon était *utopiste*, Bakounine l'était *deux fois*, puisque son programme n'était qu'une *utopie libertaire*, doublée d'une

(1) « L'égalisation des classes, écrivait-il à « *l'Alliance* » de Bakounine, qui voulant être admise dans l'Internationale lui envoya son programme où figurait cette fameuse égalisation, interprétée littéralement , aboutit à *l'harmonie du capital et du travail*, si importunément prêchée par les socialistes bourgeois, ce n'est pas l'égalisation des classes, contre-sens logique, impossible à réaliser, mais au contraire *l'abolition des classes*, ce véritable secret du mouvement du prolétariat , qui forme le grand but de « *l'Association Internationale des Travailleurs* », etc.

utopie égalitaire. Si Proudhon, au moins dans une grande mesure, restait fidèle à son principe du contrat, Bakounine, partagé entre la liberté et l'égalité, est forcé, dès les premiers pas de son raisonnement, de sacrifier sans cesse la première à la seconde et la seconde à la première. Si Proudhon est un Proudhonien sans reproche, Bakounine est un proudhonien sophistiqué par le *détestable* communisme, voire même par le *marxisme*.

En effet, Bakounine n'a plus cette foi inébranlable dans le génie du « maître » Proudhon que Tolain semble avoir conservée intacte. D'après lui, « Proudhon, malgré tous ses efforts pour « mettre le pied sur un terrain réel, restait idéaliste et méta- « physicien. Son point de départ, c'est l'idée abstraite du droit ; « c'est du droit qu'il part pour arriver aux faits économiques, « tandis que Marx, au contraire, a émis et prouvé cette vérité, « démontrée par toute l'histoire ancienne et moderne des sociétés « humaines, des peuples et des États, que les faits économiques « ont précédé et précèdent les faits du droit civil et politique. « Dans la découverte et la démonstration de cette vérité consiste « un des plus grands mérites de M. Marx (1). Dans un autre de ses écrits il dit avec une conviction complète : « toutes les reli- « gions et tous les systèmes de morale qui règnent dans une so- « ciété sont toujours l'expression idéale de sa situation réelle, « matérielle, c'est-à-dire de son organisation économique surtout, « mais aussi de son organisation politique, cette dernière n'étant « d'ailleurs jamais autre chose que la consécration juridique et « violente de la première. » Et il cite de nouveau Marx comme l'homme à qui revient le mérite d'avoir découvert et démontré cette vérité (2). — On se demande avec étonnement comment ce même Bakounine a pu avancer que la propriété privée n'est qu'une conséquence du principe autoritaire. Mais le mot de l'énigme est dans ce fait qu'il n'a pas *compris* la conception matérialiste de l'histoire, il n'a été que *sophistiqué* par elle.

En voici une preuve des plus frappantes. Dans son ouvrage russe déjà cité, « *L'Étatisme et L'Anarchie* », il assure que dans la situation du peuple russe, deux éléments constituent les conditions nécessaires de la révolution sociale (il veut dire *socialiste*) : « Il peut se vanter d'une excessive misère et d'un esclavage sans « égal. Ses souffrances sont innombrables, et il les subit non pas « avec patience, mais avec un désespoir profond et passionné qui, « deux fois déjà, se fit jour dans notre histoire, par deux explo- « sions terribles : par la révolte de Stephan Razine et par celle « de Pougatschew (3) ». Voilà ce que Bakounine entend par *les*

---

(1) *L'Étatisme et l'Anarchie*, 1873. (le lieu de publication n'est pas indiqué) pp. 233-224 (en russe). Nous savons bien que le mot étatisme est tout à fait barbare mais Bakounine s'en sert et la plasticité de la langue russe s'y prête assez facilement.

(2) *La Théologie politique de Mazzini et l'Internationale*, 1871, Neuchâtel, pp. 69 et 78.

(3) L. c., Appendice A. p. 7.

conditions matérielles d'une révolution socialiste ! Est-il besoin
de dire que c'est d'un *marxisme* un peu *trop* « *sui generis* ».

En combattant *Mazzini* au point de vue de la conception matérialiste de l'histoire, Bakounine est si loin de comprendre la véritable portée de cette conception que, dans le même écrit où il
réfute la théologie mazzinienne, il parle, vrai proudhonien qu'il
est, de la morale humaine « *absolue* », et cette morale, la morale
de la « *solidarité* », il l'appuie sur des considérations de ce
genre :

« Chaque être réel, tant qu'il existe, n'existe qu'en vertu d'un
« principe qui lui est inhérent et qui détermine sa nature particu-
« lière ; principe qui ne lui est pas imposé par un législateur
« divin quelconque (c'est là le matérialisme de notre auteur !) (G. P.)
« mais qui est la résultante prolongée et constante d'une
« combinaison de causes et d'effets naturels ; et qui n'est pas ren-
« fermé en lui comme une âme dans son corps, selon l'imagina-
« tion saugrenue des idéalistes, mais qui n'est en effet que le
« mode fatal et constant de son existence réelle.

« L'espèce humaine, comme toutes les autres espèces, a des
« principes inhérents qui lui sont particulièrement propres, et
« tous ces principes se résument ou se réduisent à un seul prin-
« cipe que nous appelons la *solidarité*. Ce principe peut être for-
« mulé ainsi : Aucun individu humain ne peut reconnaître sa
« propre humanité, ni par conséquent la réaliser dans sa vie,
« qu'en la reconnaissant en autrui et qu'en coopérant à sa réali-
« sation pour autrui. Aucun homme ne peut s'émanciper qu'en
« émancipant avec lui tous les hommes qui l'entourent. Ma liberté
« est la liberté de tout le monde, car je ne suis réellement libre,
« libre non seulement dans l'idée, mais dans le fait, que lorsque
« ma liberté et mon droit trouvent leur confirmation, leur sanc-
« tion, dans la liberté et dans le droit de tous les hommes, mes
« égaux (1) ».

Comme précepte de morale, la *solidarité*, interprétée par
Bakounine, est une bonne chose. Mais vouloir ériger cette morale,
du reste pas du tout *absolue*, en un principe qui est *inhérent* à
l'humanité et qui détermine la nature humaine, c'est ce jouer des
mots et c'est complètement ignorer ce qu'est le *matérialisme*. —
L'humanité n'existe « qu'en vertu » du principe de *solidarité*...
C'est une assertion par trop hardie. Et la lutte des classes, et le
maudit « *État* », et la propriété « *individuellement héréditaire* »,
— seraient-ce là des manifestations de la *solidarité*, inhérente à
l'humanité, déterminant sa nature particulière, etc., etc. ? *Si oui,*
— tout va donc bien, et Bakounine perdait son temps en rêvant
une révolution sociale. *Si non,* — cela prouve que l'humanité a
pu exister « *en vertu* » d'autres principes que celui de la solidarité, et que ce dernier principe ne lui est pas du tout « *inhérent* ».
En réalité, Bakounine n'a avancé son principe « absolu » que

____

(1) *La Théologie politique de Mazzini*, p. 91.

pour arriver à cette conclusion qu' « aucun peuple ne saurait être complètement et solidairement libre dans le sens humain de ce mot, si l'humanité tout entière ne l'est pas » (1).

Cela vise la tactique du prolétariat moderne et cela est juste dans ce sens que, — comme le disent les statuts de l'Association internationale des travailleurs, — l'émancipation des travailleurs n'est pas un problème simplement local ou national, mais, qu'au contraire, ce problème intéresse toutes les nations civilisées, sa solution étant nécessairement subordonnée à leur concours théorique et pratique. Rien de plus facile que de prouver cette vérité en se basant sur la situation économique actuelle de l'humanité civilisée. Mais rien de moins concluant, ici comme partout, qu'une « démonstration » qui s'appuie sur une conception utopiste de la *nature humaine*. La « solidarité » de Bakounine prouve seulement qu'il demeura un utopiste incorrigible malgré la connaissance qu'il eut de la théorie historique de Marx.

Nous avons dit que, dans ses traits principaux, le « programme de Bakounine devait son origine à la simple addition des deux principes abstraits ; celui de liberté et celui d'égalité ». Nous voyons maintenant que la somme ainsi obtenue pouvait être facilement augmentée par l'addition d'un troisième principe, celui de *solidarité*. Le programme de la fameuse Alliance en ajoute plusieurs autres. Ainsi, par exemple, « l'Alliance se déclare athée ; elle veut l'abolition des cultes, la substitution de la science à la foi et de la justice humaine à la justice divine ». Dans la proclamation que les Bakounistes collèrent sur les murs de Lyon lors de la tentative insurrectionnelle de la fin septembre 1870, nous lisons (art. 41), que « l'*Etat, étant déchu, ne pourra plus intervenir dans le paiement des dettes privées* ». C'est incontestablement logique, mais il serait difficile de déduire le non-paiement des dettes privées des principes inhérents à la *nature humaine*.

Puisque, en collant ensemble ces différents principes « absolus » Bakounine ne se demande point et n'a aucun besoin de se demander (grâce au caractère « absolu » de son procédé) si l'un de ces principes ne viendrait pas tant soit peu borner le pouvoir « absolu » des autres et ne serait pas borné par eux, à son tour, il se trouve dans une impossibilité « absolue » de réunir les bouts de son programme, chaque fois que, les *mots* se montrant insuffisants, il s'agit de les remplacer par des *notions* un peu précises. Il « *veut* » l'abolition des cultes. Mais, « l'*Etat étant déchu* », qui les abolira ? Il « *veut* » l'abolition de la propriété *individuellement héréditaire*. Mais que faire si, « l'*Etat étant déchu* », elle continue à subsister ? Bakounine sent lui-même que la chose n'est pas parfaitement claire, mais il se console très facilement.

Dans une brochure écrite pendant la guerre franco-allemande, « *Lettres à un Français sur la crise actuelle* », en démontrant que la France ne peut être sauvée que par un grand mouvement révolutionnaire, il conclut qu'il faut pousser les paysans à

(1) Ibid. pp. 110-115.

mettre la main sur les terres appartenant à la noblesse et à la bourgeoisie. Mais les paysans français sont jusqu'à présent pour la propriété « individuellement héréditaire ». Cette désagréable institution serait donc renforcée par la nouvelle révolution sociale ?

« *Pas du tout*, — répond Bakounine, — *car, une fois l'Etat aboli, la consécration juridique et politique, la garantie de la propriété par l'Etat, leur (c'est-à-dire aux paysans, G. P.) manquera. La propriété ne sera plus un droit, elle sera réduite à l'état d'un simple fait* (1).*

Voilà qui est rassurant ! « L'Etat étant déchu », le premier gaillard venu, plus fort que moi, s'emparera de mon champ sans même avoir besoin de se prévaloir du principe de la *solidarité*; celui de la *liberté* lui suffira largement. Une belle « *égalisation des individus* » que celle-là !

« Il est certain — avoue Bakounine — que, dès l'abord, les
« choses ne se passeront pas d'une manière absolument pacifique :
« il y aura des luttes ; *l'ordre public*, cette arche sainte des bour-
« geois, sera troublé, et les premiers faits qui résulteront d'un
« état de choses pareil pourront constituer ce qu'on est convenu
« d'appeler une guerre civile. Mais aimez-vous mieux livrer la
« France aux Prussiens ?... D'ailleurs, ne craignez pas que les
« paysans s'entredévorent ; s'ils voulaient même essayer de le
« faire au commencement, ils ne tarderaient pas à se convaincre
« de l'impossibilité matérielle de persister dans cette voie, et
« alors on peut être certain qu'ils tâcheront de s'entendre, de
« transiger et de s'organiser entre eux. Le besoin de manger et
« de nourrir leurs familles, et par conséquent la nécessité de
« garantir leurs maisons, leurs familles et leur propre vie contre
« des attaques imprévues, tout cela les forcera individuellement à
« entrer bientôt dans la voie des arrangements mutuels. Et ne
« croyez pas non plus que dans ces arrangements, *amenés en de-
« hors de toute tutelle officielle* (1) par la seule force des choses,
« les plus forts, les plus riches exercent une influence prédomi-
« nante. La richesse des riches, n'étant plus garantie par les
« institutions juridiques, cessera d'être une puissance...

« Quant aux plus madrés, aux plus forts, ils seront annulés
« par la puissance collective de la masse des petits et des très
« petits paysans, ainsi que des prolétaires des campagnes, masse
« aujourd'hui réduite à la souffrance muette, mais que le mouve-
« ment révolutionnaire armera d'une irrésistible puissance. Je ne
« prétends pas, notez-le bien, que les campagnes qui se réorga-
« niseront ainsi, de bas en haut, créeront du premier coup une
« organisation idéale, conforme en tous points à celle que nous
« rêvons. Ce dont je suis convaincu, c'est que ce sera une orga-
« nisation *vivante*, et, comme telle, supérieure mille fois à ce qui

(1) Souligné par Bakounine lui-même.
(1) Souligné par Bakounine.

« existe maintenant. D'ailleurs, cette organisation nouvelle res-
« tant toujours ouverte à la propagande des villes, et ne pouvant
« plus être fixée et pour ainsi dire pétrifiée par la sanction juridi-
« que de l'Etat, progressera librement, se développant et se per-
« fectionnant d'une manière indéfinie, mais toujours vivante et
« libre, jamais décrétée, ni légalisée, jusqu'à arriver à un point
« aussi raisonnable qu'on peut l'espérer de nos jours ».

L' « idéaliste » *Proudhon* était persuadé que la constitution
politique a été « imaginée » à défaut de l'organisation sociale,
« intime à l'humanité ». Il se donna la peine de « découvrir »
cette dernière et, l'ayant découverte, il ne voyait plus quelle
raison d'être pouvait avoir désormais la constitution politique. Le
« matérialiste » *Bakounine* n'a pas d' « organisation sociale » à
lui. « La science la plus profonde et la plus rationnelle, dit-il, ne
peut point deviner les formes de la vie sociale future (1) ». Elle
doit se contenter de distinguer les formes sociales « vivantes » de
celles qui doivent leur origine à l'action « pétrifiante » de l'Etat,
et de condamner ces dernières. N'est-ce pas là la vieille opposition
proudhonienne de l'organisation sociale « intime à l'humanité »
et de la constitution politique « imaginée » exclusivement dans
l'intérêt « de l'ordre » ? Toute la différence ne se réduit-elle pas à
ce que le « matérialiste » transforme le programme *utopiste* de
« l'idéaliste » en quelque chose d'encore plus utopiste, encore plus
nébuleux, encore plus absurde ?

« Croire que l'univers doit son arrangement merveilleux au
hasard, c'est se figurer qu'en jetant au hasard une quantité suffisante de caractères typographiques, nous pourrions arriver à
composer l'*Iliade* ». Ainsi raisonnaient les *déistes* du dix-huitième
siècle en réfutant les *athées*. Ceux-ci leur répondaient que, dans
ce cas, tout est l'affaire *du temps*, et qu'en jetant les caractères
un nombre de fois indéfini, nous devons certainement aboutir, à
un moment donné, à un pareil arrangement. De pareilles discus-
sions étaient dans le goût du siècle et l'on aurait tort de s'en
moquer trop, maintenant. Mais il paraît que Bakounine a pris au
sérieux l'argument des athées du bon vieux temps et qu'il s'en
est servi pour forger un « programme ». Détruisez ce qui existe ;
si vous le faites assez souvent, vous réussirez enfin à produire une
organisation sociale au moins bien proche de celle que vous
« rêvez ». Tout ira bien quand nous aurons la « *révolution en permanence* ». Est-ce assez « matérialiste » ? Si vous croyez que non,
vous êtes un métaphysicien « rêvant » l'impossible !

L'opposition proudhonienne de « *l'organisation sociale* » et de
la « *constitution politique* » se retrouve tout entière et toute « vivante » dans ce que Bakounine répète sans cesse sur la *révolution*

---

(1) *L'Etatisme et l'Anarchie, Appendice A*, p. 1. D'ailleurs, pour la *Russie* la
« science » de Bakounine savait bien deviner les formes de la vie sociale future : ce sera
la commune, qui, dans son développement ultérieur, partira de la *commune rurale*
actuelle. Ce sont surtout les bakounistes qui répandirent en Russie le préjugé sur les
qualités merveilleuses de la commune rurale russe.

socia'e d'un côté et les *révolutions politiques* de l'autre. Selon Proudhon, l'organisation sociale n'a malheureusement jamais existé jusqu'à nos jours, et, à défaut d'elle, l'humanité a dû « imaginer » la constitution politique. D'après Bakounine, la révolution sociale n'a jamais été faite jusqu'à présent, l'humanité étant forcée, à défaut d'un bon programme « social », de se contenter des révolutions politiques. A présent, ce programme trouvé, nous n'avons aucun besoin de nous occuper de la *politique ;* nous avons assez à faire avec la révolution *sociale.*

Chaque lutte des classes étant nécessairement une lutte politique, il est évident, que chaque révolution « politique » digne de ce nom est une révolution sociale ; il est évident aussi que pour le prolétariat, la lutte politique est aussi obligatoire qu'elle l'a été toujours pour chaque classe tendant à son émancipation. Bakounine anathématise toute action *politique* du prolétariat ; il préconise la lutte exclusivement « *sociale* ». Qu'est-ce que c'est que cette lutte sociale ?

Ici notre proudhonien se montre encore une fois sophistiqué par le *marxisme.* Il s'appuie le plus souvent sur *les statuts de l'Association Internationale des Travailleurs.*

Dans les considérants de ces statuts, il est dit que l'assujetissement des travailleurs au capital est la source de toute servitude, politique morale et matérielle, et que, par conséquent, l'émancipation économique des travailleurs est le grand but auquel doit être subordonné, comme moyen, tout mouvement politique. Bakounine en conclut que « tout mouvement politique qui n'a point pour objet immédiat et direct l'émancipation économique, *définitive et complète* des travailleurs, et qui n'a pas inscrit sur son drapeau, d'une manière bien déterminée et bien claire, le principe de *l'égalité économique,* ce qui veut dire *la restitution intégrale du capital au travail,* ou bien la *liquidation sociale,* — que tout mouvement politique pareil est bourgeois, et comme tel, doit être exclus de l'Internationale. » Mais le même Bakounine a déjà entendu dire que le mouvement historique de l'humanité est un processus conforme à des lois et que l'on n'improvise pas à chaque moment voulu une révolution. Force lui est donc de se demander : quelle est la politique que l'Internationale doit suivre pendant cette « période plus ou moins longue de temps qui nous sépare de cette terrible révolution sociale que tout le monde pressent aujourd'hui ? » A cela il répond avec la conviction la plus profonde, et en citant toujours les statuts de l'Internationale :

« Doit être exclue sans pitié la politique des bourgeois démo-
« crates ou socialistes bourgeois, qui, en déclarant que la
« liberté politique est la condition *préalable* de l'émancipation
« économique, ne peuvent entendre par ces mots autre chose que
« ceci : les réformes ou la révolution politique doivent *précéder*
« les réformes ou la révolution économique ; les ouvriers doivent
« par conséquent s'allier aux bourgeois plus ou moins radicaux
« pour faire d'abord avec eux les premières, sauf à faire ensuite
« contre eux les dernières. *Nous protestons hautement contre*
« *cette funeste théorie,* qui ne pourrait aboutir, pour ces travail-

« leurs qu'à les faire servir encore une fois d'instrument contre
« eux-mêmes et à les livrer de nouveau à l'exploitation des
« bourgeois. » L'Internationale *commande* de faire abstraction de
toute politique nationale ou locale ; elle doit donner à l'agitation
ouvrière dans tous les pays un caractère « *essentiellement économique* », en posant comme *but* : « la diminution des heures de
travail et l'augmentation des salaires », en posant comme *moyen* :
« *l'association des masses ouvrières et la formation* de *caisses de
résistance.* » — Il va sans dire que la diminution des heures de
travail doit se faire sans aucune intervention de la part du maudit
Etat (1).

Bakounine ne comprend point que la classe ouvrière peut, dans
son action politique, se séparer complètement de tous les partis
des exploiteurs. Selon lui, il n'y a pas pour la classe ouvrière
d'autre rôle dans le mouvement politique que celui de satellite
de la bourgeoisie radicale. Il préconise la tactique « *essentiellement économique* » des vieilles *Trades-Unions anglaises*, et il ne
soupçonne même pas que c'était justement cette tactique qui faisait
marcher les ouvriers anglais à la *remorque des libéraux*.

Bakounine ne veut pas que la classe ouvrière donne la main
aux mouvements ayant pour but la conquête ou l'élargissement
des libertés politiques. En condamnant ces mouvements comme
bourgeois, il s'imagine être on ne peut plus *révolutionnaire*. En
réalité, il se dévoile, par cela même, comme « *essentiellement* »
conservateur, et si la classe ouvrière ne voulait jamais suivre cette
ligne de conduite, les gouvernements n'auraient qu'à s'en applaudir (2).

Les vrais révolutionnaires de nos jours entendent bien autrement la tactique socialiste. Ils « *appuient tout mouvement révolutionnaire contre l'ordre politique et social actuel* »(3), ce qui ne les
empêche point — bien au contraire — d'organiser le prolétariat
en parti *séparé* de tous les partis des exploiteurs et *ennemi* de
toute « *la masse réactionnaire* ».

Proudhon qui, comme nous le savons, n'avait pas de sympa-
thies exagérées pour la « politique », engageait, cependant,
les ouvriers français à voter pour les candidats qui promettraient
de « constituer la valeur ». Bakounine ne veut pas de politique à
quelque prix que ce soit. L'ouvrier ne peut pas se servir de la
liberté politique : il lui manque pour cela deux petites choses :
le loisir et les moyens matériels ». Ce n'est donc qu'un mensonge
bourgeois. Ceux qui parlent des candidatures ouvrières se mo-
quent du prolétariat. « Les ouvriers députés, transportés dans des
conditions d'existence bourgeoise et dans une atmosphère d'idées
politiques toutes bourgeoises, cessant d'être des travailleurs de fait

(1) Voir les articles de Bakounine sur la « *La politique de l'Internationale* » dans
l'« *Egalité* » de Genève du mois d'août 1869.

(2) Les anathèmes lancés par Bakounine contre la liberté politique ont eu, pendant
un certain temps, une influence très déplorable sur le mouvement révolutionnaire en
Russie.

(3) *Manifeste du parti communiste*, chap. IV.

pour devenir des hommes d'Etat, deviendront des bourgeois et peut-être même plus bourgeois que les bourgeois eux-mêmes. Car les hommes ne font pas les positions, ce sont les positions, au contraire, qui font les hommes (1) ».

Ce dernier argument, c'est presque tout ce que Bakounine sut s'approprier de la conception matérialiste de l'histoire. Il est incontestablement vrai que l'homme est le produit de son milieu social. Mais, pour se servir avec avantage de cette incontestable vérité, il faut quitter la vieille façon de penser métaphysique qui considère les choses *l'une après l'autre et l'une indépendamment de l'autre*. Or, Bakounine, comme son maître Proudhon, malgré sa coquetterie avec la philosophie hégélienne, resta toute sa vie un *métaphysicien*. Je ne comprend pas que le milieu, qui fait l'homme, puisse *changer*, en changeant l'homme, son produit. Le milieu qu'il a en vue, en parlant de l'action politique du prolétariat, c'est le milieu parlementaire bourgeois : ce milieu-là doit fatalement corrompre les députés ouvriers. Mais le *milieu des électeurs*, le milieu du parti ouvrier conscient de son but et bien organisé, ne pourrait-il avoir aucune influence sur les élus des prolétaires? Non! économiquement asservie, la classe ouvrière restera toujours dans la servitude politique, elle sera toujours la plus faible sur ce terrain. Pour l'émanciper, il faut commencer par l'évolution économique. Bakounine ne s'aperçoit pas, qu'en raisonnant ainsi on aboutit inévitablement à cette conclusion qu'une victoire du prolétariat est une chose *absolument impossible*, à moins que les détenteurs des moyens de production ne veuillent s'en désister à son profit. En effet, l'assujetissement du travailleur au capital est la source de la servitude non seulement politique, mais aussi *morale*. Or, comment voulez-vous qu'asservis moralement, les travailleurs se lèvent contre la bourgeoisie? Pour que le mouvement ouvrier devienne possible, il faut donc faire *préalablement* la révolution économique. Mais la révolution économique ne peut être que *l'œuvre des travailleurs eux-mêmes*. Nous voilà dans un *cercle vicieux* que le socialisme moderne franchit avec facilité, mais dans lequel Bakounine et les bakounistes tournaient et tournent sans cesse sans autre espoir de délivrance qu'un *salto mortale* logique.

L'influence corruptrice du milieu parlementaire sur les députés ouvriers est jusqu'à présent l'argument que les anarchistes estiment le plus fort dans la critique de l'activité politique de la démocratie socialiste. Nous avons vu ce qu'il vaut au point de vue *théorique*. Il suffit de connaître tant soit peu l'histoire du parti socialiste allemand pour voir comment la vie *pratique* réfute les appréhensions anarchistes.

En niant toute « politique », Bakounine se vit forcé d'accepter la tactique des vieilles trades-unions anglaises. Mais il sentait lui-même que cette tactique est peu révolutionnaire. Il se tira d'embarras à l'aide de son *Alliance*, espèce de société secrète internationale, organisée sur le pied d'un centralisme des plus farouches

(1) *Égalité*, 28 août 1869.

et des plus grotesquement fantaisistes. Soumis à la férule dictatoriale du souverain pontife de l'anarchie, les frères « *internationaux* » et « *nationaux* » devaient accélérer et diriger le mouvevement révolutionnaire « essentiellement économique ». En
même temps, Bakounine préconisait les « *émeutes* », les soulèvements partiels des ouvriers et des paysans, qui, malgré leur écrasement inévitable, auront, prétendait-il, toujours une bonne influence
sur le développement de l'esprit révolutionnaire parmi les opprimés. — Il va sans dire qu'avec un pareil « programme », il a pu
faire beaucoup de mal au mouvement ouvrier, mais qu'il n'a pas
réussi à s'approcher, fût-ce d'un seul pas, de la révolution « immédiatement » économique qu'il « *révait* » (1). Nous verrons plus
bas à quoi devait aboutir la théorie bakounienne des « *émeutes* ».
Pour le moment, résumons ce que nous avons dit sur Bakounine.
Dans cette besogne, il va nous aider lui-même.

« Sur le drapeau pangermanique (c'est-à-dire *aussi* sur le
« drapeau *de la démocratie socialiste allemande* et, par consé
« quent, de celle du monde civilisé tout entier) (G. P.), il écrit : *la*
« *conservation et la fortification de l'état à tout prix;* au contraire,
« sur le drapeau socialiste-révolutionnaire (lisez: bakouniste) (G. P.)
« est inscrit en *caractères* de sang, en lettres de feu : *L'abolition*
« *de tous les Etats, la destruction de la civilisation bourgeoise, la*
« *libre organisation de bas en haut à l'aide des libres associations,*
« *— l'organisation de la populace (sic !) ouvrière délivrée de toute*
« *bride, — l'organisation de l'humanité émancipée tout entière,*
« *la création d'un nouveau monde humain* ».

C'est par ces mots que Bakounine termine sa principale œuvre :
« *l'Etatisme et l'Anarchie* » (russe). Nous laissons au lecteur le
soin d'apprécier la rhétorique de ce morceau. Quant à nous, nous
nous bornerons à dire qu'il n'y a là *aucun sens humain.*

L'absurde, *l'absurde tout pur et tout nu*, voilà ce qui est *inscrit* sur le « drapeau » bakouniste, et il n'y a pas besoin de caractères « de feu et de sang » pour le faire sauter aux yeux de quiconque n'est pas encore hypnotisé par une phraséologie *plus ou
moins sonore, mais toujours vide de sens.*

L'anarchisme de Stirner et de Proudhon était complètement
individualiste. Bakounine ne « voulait » de l'individualisme, ou,
pour mieux dire, il ne « voulait » qu'un seul côté de l'individualisme. Il a inventé le *collectivisme anarchiste.* Cette invention, il
la fit à peu de frais. Il compléta *l'utopie libertaire* par *l'utopie
égalitaire.* Comme ces deux utopies ne « voulaient » point vivre
en paix, comme elles hurlaient d'être collées ensemble, il les jeta
toutes les deux dans le haut-fourneau de la « *révolution en permanence* » où elles furent enfin forcées de se taire pour cette simple
raison qu'elles s'évaporèrent, l'une aussi complètement que l'autre.

Bakounine est le décadent de l'utopisme.

<hr>

(1) Sur l'action de Bakounine dans l'Internationale, consulter les deux publications du
Conseil général ; « Les prétendues scissions dans l'Internationale » et « l'Alliance de la
Démocratie socialiste » ; comparer aussi l'article d'Engels « Die Bakounisten an der
Arbeit » reproduit dans le recueil récemm entparu Ausdem Volksstaat (1873-1875), Berlin
Buchkandiveg des Vorvaûts, 1894.

Les Epigones.

Parmi les anarchistes de nos jours, les uns tiennent à l'*indivi-dualisme*, comme *John Henry Mackay*, auteur du livre : « *Die Anarchisten, Kulturgemälde aus dem Ende der XIX Jahrhunderts;* les autres, beaucoup plus nombreux, se disent *communistes*. C'est la lignée Bakouniste dans l'anarchisme. Elle a créé, dans diverses langues, une assez riche littérature, et c'est elle qui fait tant de bruit à l'aide de sa « *propagande par le fait.* » L'ange de cette école est le réfugié russe *P. A. Kropotkine*.

Nous ne nous arrêterons pas à apprécier la doctrine des anar-chistes-individualistes d'aujourd'hui que même leurs frères, les anarchistes « communistes », traitent de *bourgeois* (1). Nous pas-serons droit au « communisme » anarchiste.

Quel est le point de vue de cette nouvelle espèce du commu-nisme ?

« Pour ce qui concerne la méthode suivie par le penseur anar-
« chiste, elle diffère complètement de celle des utopistes », nous
assure Kropotkine.

« Le penseur anarchiste n'a pas recours aux conceptions méta-
« physiques (comme « droits naturels », « devoirs de l'Etat, » etc.)
« pour établir quelles sont, à son avis, les conditions les plus
« favorables à la réalisation de la plus grande somme de bonheur
« pour l'humanité. Il suit au contraire la voie tracée par la philo-
« sophie moderne de l'évolution.... Il étudie la société humaine
« dans son présent et dans son passé, et sans attribuer à l'huma-
« nité en général ou aux individus particuliers des qualités supé-

---

(1) « Les quelques individualistes que l'on rencontre ne sont forts que dans leur critique de l'Etat et de la loi. Quant à leur idéal constructif, les uns tombent dans une idylle
qu'eux-mêmes ne voudraient jamais pratiquer, tandis que les autres, comme les éditeurs
de la *Liberty*, de Boston, versent en plein dans le système bourgeois actuel. Pour
défendre leur individualisme, ils reconstituent l'Etat avec tous ses attributs (loi, police et
le reste), après les avoir niés si courageusement. D'autres enfin, comme *Auberon
Herbert*, échouent dans une *Property Defense League*, — la ligue pour la défense de
la propriété seigneuriale ». *La Révolte*, n° 38, 1893. « *Une conférence sur
l'anarchie.* »

« rieures qu'ils ne possèdent pas, il ne voit dans la société qu'une
« agrégation d'organismes et cherche les meilleurs moyens de
« concilier les besoins de l'individu et ceux de la collectivité dans
« l'intérêt de l'espèce. Il étudie la société et cherche à découvrir
« ses *tendances* anciennes et actuelles, ses besoins urgents, intel-
« lectuels et économiques et ne fait qu'indiquer la direction de
« son évolution » (1).

Ainsi, *les anarchistes-communistes* n'ont plus rien de commun
avec *les utopistes*. Ils sont loin de s'appuyer, dans l'élaboration de
leur « idéal », sur des conceptions métaphysiques, telles que les
droits naturels, les devoirs de l'Etat, etc. Est-ce exact ?

Pour ce qui concerne « les devoirs de l'Etat », Kropotkine a
parfaitement raison : il serait trop ridicule si les anarchistes invi-
taient l'Etat à disparaître en rappelant ses propres « *devoirs* ».
Mais quant aux « *droits naturels* », il se trompe totalement. Quelques citations suffiront pour le prouver.

Déjà, dans le « *Bulletin de la Fédération Jurassienne* » (N° 3,
1877), nous trouvons cette déclaration bien significative : « La
souveraineté populaire ne peut exister que moyennant la plus
complète autonomie des individus et des groupes ». Cette autonomie la plus complète, n'est-elle pas une « conception métaphysique » ?

Le « *Bulletin de la Fédération Jurassienne* » était un organe
de l'anarchisme *collectiviste*. Au fond, il n'y a aucune différence
entre le *collectivisme* et le *communisme* anarchistes. Pourtant,
puisqu'on pourrait prétendre que nous faisons répondre les communistes pour les collectivistes, jetons un coup d'œil sur des
publications « *communistes* ». Examinons non seulement *l'esprit*,
mais aussi la *lettre*.

En automne 1892, quelques « compagnons » figuraient devant
la Cour d'assises de Versailles à la suite du vol de dynamite de
Soisy-sous-Etiolles, entre autres un nommé G. Etiévant. Celui-ci
rédigea une déclaration de principes anarchistes-communistes. Le
tribunal lui enleva la parole. Le Moniteur de l'anarchie, *la
Révolte*, se chargea de la publication de cette déclaration,
après s'être procuré avec un grand soin une copie tout à fait conforme à l'original. Les « *Déclarations de G. Etiévant* » firent
sensation dans le monde anarchiste, et même les hommes « instruits », comme *Octave Mirbeau*, les citent avec respect à côté
des œuvres des « théoriciens », — Bakounine, Kropotkine, « l'iné-
gal Proudhon » et « l'aristocratique Spencer » (1). Or, voici la
marche du raisonnement d'Etiévant.

« Aucune idée n'est innée en nous ; chacune naît des sensa-
« tions infiniment diverses et multiples que nous recevons à l'aide

(1) Anarchist communism ; its, basis and principles by Peter Kropotkine, republished
by permission at the editor from the Nineteenth lentury of february and August 1887,
London.

« de nos organes. Tout acte de l'individu est le résultat d'une ou
« plusieurs idées. L'homme n'est donc pas responsable. Pour que
« la responsabilité existât, il faudrait que la volonté déterminât
« les sensations, de même que celles-ci déterminent l'idée, et
« celle-ci l'acte. Mais comme ce sont, au contraire, les sensations
« qui déterminent la volonté, tout jugement devient impossible,
« toute récompense, toute punition injuste, quelque grand que
« soit le bienfait ou le méfait. »

« On ne peut donc pas juger les hommes, ni même les actes, à
« moins d'avoir un criterium suffisant. Or, ce criterium n'existe
« pas. En tout cas ce n'est pas dans les lois qu'on pourrait le
« trouver, car la vraie justice est immuable et les lois sont chan-
« geables. Il en est des lois comme de tout le reste (!). Car, si ces
« lois sont bonnes, à quoi bon des députés et des sénateurs pour
« les changer ? Et, si elles sont mauvaises, à quoi bon des magis-
« trats pour les appliquer ? »

Ayant « *démontré* » ainsi *la liberté*, Etiévant passe à
l'égalité.

Depuis les zoophytes jusqu'aux hommes, tous les êtres sont
pourvus d'organes plus ou moins parfaits destinés à les servir.
Tous les êtres ont donc *le droit* de se servir de leurs organes
d'après la volonté évidente de la mère nature.

« Aussi, par nos jambes avons-nous droit à tout l'espace que
« nous pouvons parcourir ; par nos poumons, à tout l'air que
« nous pouvons respirer ; par notre estomac, à toute la nourriture
« que nous pouvons digérer ; par notre cerveau, à tout ce que
« nous pouvons penser et nous assimiler des pensées des autres ;
« par notre faculté d'élocution, à tout ce que nous pouvons dire ;
« par nos oreilles à tout ce que nous pouvons entendre, et nous
« avons droit à tout cela parce que nous avons droit à la vie et
« que tout cela constitue la vie. Ce sont-là les vrais droits de
« l'homme ! Nul besoin de les décréter ; ils existent comme existe
« le soleil. Ils ne sont écrits dans aucune constitution, dans
« aucune loi, mais ils sont inscrits en caractères ineffaçables dans
« le grand livre de la nature et imprescriptibles. Depuis le ciron
« jusqu'à l'éléphant, depuis le brin d'herbe jusqu'au chêne, depuis
« l'atome jusqu'à l'étoile, tout le proclame. »

Si ce ne sont pas là des « *conceptions métaphysiques* », et de
pire espèce, une caricature cruelle de matérialisme métaphysique
du dix-huitième siècle, — si c'est de la « *philosophie évolution-
niste* », il faut avouer qu'elle n'a rien de commun avec le mouvement scientifique de notre temps.

Ecoutons une autre autorité, citons le livre dorénavant fameux
de Jean Grave, « *La société mourante et l'anarchie* », que la justice française a condamné il n'y a pas longtemps en le croyant
dangereux, tandis qu'il n'est qu'énormément *ridicule.*

« Anarchie veut dire négation de l'autorité. Or, l'autorité pré-
« tend légitimer son existence sur la nécessité de défendre les ins-
« titutions sociales : famille, religion, propriété, etc., et elle a

« créé une foule de rouages, pour assurer son exercice et sa sanc-
« tion. Les principaux sont : la loi, la magistrature, l'armée, le
« pouvoir législatif, exécutif, etc. De sorte que, forcés de répondre
« à tout, l'idée d'anarchie a dû s'attaquer à tous les préjugés
« sociaux, se pénétrer à fond de toutes les connaissances humai-
« nes, afin de démontrer que ces conceptions étaient conformes
« à la nature physiologique et psychologique de l'homme,
« adéquates à l'observance des lois naturelles, tandis que l'orga-
« nisation actuelle était établie à l'encontre de toute logique, de
« tout bon sens... Donc, en combattant l'autorité, il a fallu aux
« anarchistes attaquer toutes les institutions dont le Pouvoir s'est
« créé le défenseur, dont il cherche à démontrer la nécessité pour
« légitimer sa propre existence (1). »

Vous voyez quels étaient « les développements » de « l'idée
anarchiste ». Cette idée « niait » l'autorité. Pour se défendre,
l'autorité en appela à la famille, à la religion, à la propriété. Alors
« l'idée » se vit forcée d'attaquer ces institutions qu'elle paraît ne
pas avoir remarquées avant, et en même temps « *l'idée* », pour
faire valoir *ses conceptions*, se pénétra à fond de toutes les connaissances humaines (à quelque chose malheur est bon !). Tout
cela n'est que l'affaire du hasard, de la tournure inattendue que
l'autorité donna à la discussion engagée entre elle et « l'idée ».

Nous sommes d'avis que, si riche en connaissances humaines
qu'elle soit maintenant, l'idée anarchiste n'est pas communiste du
tout ; elle garde son savoir pour elle-même et laisse les pauvres
« compagnons » dans une ignorance complète. Kropotkine a beau
chanter les louanges du « *penseur anarchiste* », il ne réussira
jamais à prouver que son ami Grave a su s'élever tant soit peu
au-dessus de la *métaphysique la plus piteuse*.

Que Kropotkine relise les brochures anarchistes d'Elisée
Reclus — un « *haut théoricien* » celui-là — et qu'il nous dise, la
main sur la conscience, s'il se trouve là autre chose que des
appels à la *justice*, à *la liberté* et autres « *conceptions métaphysiques.* »

Enfin Kropotkine lui-même n'est pas aussi émancipé de la
« métaphysique » qu'il le croit. Loin de là ! Voici, par exemple,
ce qu'il disait à la réunion générale de la Fédération Jurassienne,
le 12 octobre 1879, à la Chaux-de-Fonds.

« Il fut un temps où l'on déniait aux anarchistes jusqu'au droit
« à l'existence. Le Conseil général de l'Internationale nous traitait
« de factieux ; la presse, de rêveurs ; presque tous, d'extravagants.
« Ce temps est passé. Le parti anarchiste a prouvé sa *vitalité* ; il a
« traversé les obstacles de toute sorte qui entravaient son déve-
« loppement ; aujourd'hui, il est *accepté* (par qui ? G. P.). Pour
« cela, il a fallu, avant tout, que le parti soutienne une lutte sur
« le terrain de la *théorie*, qu'il établisse son idéal de la société

(1) L. c, pages 1-2.

« future, qu'il prouve que cet idéal est le meilleur ; qu'il démontre
« plus que cela : que cet idéal n'est pas le produit de rêves de
« cabinet, mais qu'il découle directement des aspirations popu-
« laires, qu'il est d'accord avec le progrès historique de la culture
« et des idées. Ce travail fut fait, etc. »

Cette chasse au meilleur idéal de la société future, n'est-ce pas
là le procédé utopiste par excellence ? Il est vrai que Kropotkine
tâche de « prouver » que cet idéal n'est pas le produit de rêves
de cabinet, qu'il découle des aspirations populaires, qu'il est
d'accord avec le progrès historique de la culture et des idées.
Mais quel utopiste ne le tâchait pas tout aussi bien que lui ? Tout
est dans la *valeur* des preuves, et ici notre aimable compatriote
est infiniment moins fort que les grands utopistes qu'il traite de
métaphysiciens sans avoir la moindre notion de ce qu'est la méthode de la science sociale actuelle.

Mais avant de scruter la valeur des *preuves*, faisons connaissance avec *l'idéal* lui-même. Comment Kropotkine se figure-t-il
la société anarchiste ?

Préoccupés de la réorganisation de la machine gouvernementale, les révolutionnaires-politiciens, les « jacobins » (Kropotkine
déteste les jacobins plus que ne les détestait notre aimable impé-
ratrice Catherine II), laissaient le peuple mourrir de faim. Les
anarchistes agiront autrement. Ils détruiront l'Etat et pousseront
le peuple vers *l'expropriation des riches*. Une fois l'expropriation
opérée, on fera *l'inventaire* de la richesse commune, puis on
organisera la *distribution*.

« Tout se fera par le peuple lui-même. » Que le peuple ait seu-
« lement ses coudées franches, et en huit jours le service des
« denrées se fera avec une régularité admirable. Il faut n'avoir
« jamais vu le peuple laborieux à l'œuvre ; il faut avoir eu, toute
« sa vie, le nez dans les paperasses, pour en douter. Parlez de
« l'esprit organisateur du grand méconnu, le Peuple, à ceux qui
« l'ont vu à Paris aux journées des barricades (ce n'est pas le cas
« de Kropotkine, G. P.), ou à Londres lors de la dernière grande
« grève qui avait à nourrir un demi-million d'affamés, ils vous
« diront de combien il est supérieur aux ronds-de-cuir des bu-
« reaux ! (1) »

La base sur laquelle on organisera la jouissance en commun
des denrées sera très juste et pas du tout *jacobine*.

« Il n'y en a qu'une, une seule qui réponde aux sentiments de
« justice, et qui soit réellement pratique... — Prise au tas de ce
« qu'on possède en abondance ! Rationnement de ce qui doit être
« mesuré, partagé ! Sur les 350 millions d'hommes qui habitent
« l'Europe, deux cents millions suivent encore ces pratiques,
« tout à fait naturelles » — ce qui prouve, entre autre, que l'idéal
anarchiste « découle des aspirations populaires. »

(1) *La Conquête du Pain*, Paris, 1892, pages 77-78.

Même chose pour le *logement* et pour le *vêtement*. Le peuple organisera tout selon la même règle.

« Il y aura un bouleversement, c'est certain. Seulement, il faut
« que ce bouleversement ne soit pas en pure perte, il faut qu'il
« soit réduit au minimum. Et c'est encore — ne nous lassons pas
« de le répéter — en s'adressant aux intéressés, et non pas à des
« bureaux, que l'on obtiendra la moindre somme d'inconvénients
« pour tout le monde (1). »

Ainsi, dès les premiers jours de la révolution, nous aurons une organisation ; la fantaisie des souverains « individus » sera limitée dans des bornes raisonnables, par les besoins de la société, par la logique de la situation. Et, pourtant, on se trouvera dans *l'anarchie* pleine et entière, la liberté individuelle sera sauve et saine. Cela paraît incroyable, mais c'est vrai : il y a anarchie et il y a organisation ; il y a des règles obligatoires pour tout le monde, et cependant chacun fait ce qu'il veut. Vous n'y êtes pas? La chose est simple : cette organisation, ce n'est pas les révolutionnaires « autoritaires » qui l'auront créée ; ces règles obligatoires pour tous et pourtant anarchistes, c'est le Peuple, le grand Méconnu, qui les aura proclamées, et le peuple, il est très malin; celui qui a vu ce que Kropotkine n'a jamais eu l'occasion de voir, des journées de barricades, en sait quelque chose.

Mais si le grand Méconnu a la sottise de créer des « bureaux », si détestables pour Kropotkine ? Si, comme il l'a fait en mars 1871, il se donne un gouvernement révolutionnaire? Alors nous dirons qu'il s'est trompé, nous tâcherons de le faire revenir à de meilleurs sentiments, et au besoin nous lancerons des bombes contre les « *ronds-de-cuir* ». Nous inviterons le peuple à s'organiser, et nous détruirons tous les organes qu'il se donnera.

Voici donc comment on réalise l'excellent idéal anarchiste... dans son imagination. Au nom de la liberté des individus on fait disparaître toute action des individus et du parti tout entier des révolutionnaires dans celle du *Peuple ;* on noie les *individus* dans la *masse.* Pour peu que l'on s'habitue à ce procédé... logique, on ne rencontre plus aucune difficulté et on peut se vanter de n'être pas du tout « autoritaire », ni « utopiste ». Quoi de plus facile, quoi de plus agréable?

Mais, pour consommer, il faut produire. Kropotkine le sait si bien, qu'il donne à ce propos une bonne leçon à « l'autoritaire » *Marx.*

« Le mal de l'organisation actuelle n'est-ce pas dans ce que « la
« plus-value » de la production passe au capitaliste — ainsi que
« l'avaient dit Rodbertus et Marx — rétrécissant ainsi la concep-
« tion socialiste et les vues d'ensemble sur le régime du capital.
« — La plus-value elle-même n'est qu'une conséquence de cau-
« ses plus profondes. Le mal est dans ce qu'il peut y avoir « une
« plus-value » quelconque, au lieu d'un surplus non consommé

(1) *La Conquête du Pain,* page 111.

« par chaque génération ; car pour qu'il y ait « plus-value », il
« faut que des hommes, des femmes et des enfants soient obli-
« gés par la faim de vendre leurs forces de travail pour une partie
« minime de ce que ces forces produisent et, surtout, de ce
« qu'elles sont capables de produire (pauvre Marx, qui ne savait
« rien de ces vérités profondes, quoique très confusément expo-
« sées par le savant prince ! G. P.). ... Il ne suffit pas, en effet,
« de distribuer à parts égales les bénéfices qu'une industrie
« parvient à réaliser, si on doit en même temps exploiter d'au-
« tres milliers d'ouvriers. Il s'agit de *produire, avec le moindre*
« *perte possible de forces humaines, la plus grande somme pos-*
« *sible des produits les plus nécessaires au bien-être de tous.* »
(Souligné par Kropotkine lui-même).

Marxistes ignorants que nous sommes, nous n'avons jamais
entendu dire que la société socialiste suppose une organisation
de la production ! Puisque c'est Kropotkine qui nous le révèle, il
n'y a rien de plus raisonnable que de nous adresser à lui, pour
savoir quel aspect aura cette organisation. Sur ce sujet aussi, il ne
laisse pas de dire des choses très intéressantes.

« Supposez une société comprenant plusieurs millions d'habi-
« tants engagés dans l'agriculture et une grande variété d'indus-
« tries, Paris, par exemple, avec le département de Seine-et-Oise.
« Supposez que, dans cette société, tous les enfants apprennent à
« travailler de leurs bras aussi bien que de leurs cerveaux.
« Admettez, enfin, que tous les adultes, sauf les femmes occu-
« pées à l'éducation des enfants, s'engagent à travailler *cinq heu-*
« *res par jour*, de l'âge de vingt ou vingt-deux ans à celui de
« quarante-cinq ou cinquante, et qu'ils s'emploient à des occu-
« pations au choix, en importe quelle branche des travaux
« humains considérés comme *nécessaires*. Une pareille société
« pourrait, en retour, garantir le bien-être à tous ses membres,
« — c'est-à-dire une aisance autrement réelle que celle dont
« jouit aujourd'hui la bourgeoisie. — Et chaque travailleur de
« cette société disposerait, en outre, d'au moins cinq heures par
« jour qu'il pourrait consacrer à la science, à l'art, et aux besoins
« individuels qui ne rentreraient pas dans la catégorie du *néces-*
« *saire*, sauf à introduire plus tard dans cette catégorie, lorsque
« la productivité de l'homme augmenterait, tout ce qui est
« encore, aujourd'hui, considéré comme luxueux ou inacces-
« sible. » (1).

Dans la société anarchiste, il n'y aura point d'autorité, mais il y
aura le *contrat* (vous revoilà, l'immortel Monsieur Proudhon, on
voit que vous allez toujours bien !) en vertu duquel les infiniment
libres individus « s'engageront » à travailler dans telle ou telle
« *commune libre* ». Le contrat, c'est la justice, la liberté et l'égalité, c'est Proudhon, Kropotkine et tous les saints. Mais, en
même temps, — ne badinez pas avec le contrat ! — c'est une
chose qui n'est pas si dépourvue de moyens de défense qu'elle en

(1) *La Conquête du Pain*, pp. 128-129.

a l'air. En effet, le signataire du contrat librement consenti ne
veut-il pas remplir son devoir? Il est chassé de la libre commune
et il court le risque de mourir de faim, ce qui n'est pas d'une
gaieté démesurée.

« Je suppose un groupe d'un certain nombre de volontaires,
« s'unissant dans une entreprise quelconque pour la réussite de
« laquelle tous rivalisent de zèle, sauf un des associés qui manque
« fréquemment à son poste ; devra-t-on à cause de lui, dissoudre
« le groupe, nommer un président qui imposera les amendes, ou
« bien enfin, distribuer, comme l'Académie, des jetons de pré-
« sence? Il est évident qu'on ne fera ni l'un ni l'autre, mais qu'un
« jour on dira au camarade qui menace de faire péricliter l'entre-
« prise : — « Mon ami, nous aimerions bien travailler avec toi ;
« mais, comme tu manques souvent à ton poste, ou que tu fais
« négligemment ta besogne, nous devons nous séparer. Va cher-
« cher d'autres camarades qui s'accommoderont de ta noncha-
« lance (1) ». C'est assez fort au fond, mais voyez comme toutes
les apparences sont sauvées, combien l'on est « *anarchiste...* »
dans son langage. Vraiment, nous ne nous étonnerons pas, s'il se
trouve dans la société « communiste-anarchiste » des gens guil-
lotinés par persuasion ou au moins en vertu d'un contrat librement consenti !

Qui plus est, ce moyen si anarchiste de mettre à la raison les
paresseux « libres individus », est tout à fait *naturel* et il se
pratique partout aujourd'hui, dans toutes les industries, en concurrence avec tous les systèmes possibles d'amendes, de réduc-
tions de salaire, de surveillance, etc. ; l'ouvrier peut entrer à
l'usine à l'heure fixe, mais s'il fait mal son travail, s'il gêne ses
camarades par sa nonchalance ou d'autres défauts, s'ils se brouil-
lent, c'est fini. Il est forcé de quitter l'atelier ! (2). Voilà comme
quoi « l'idéal » anarchiste est tout à fait d'accord avec les « tendances » de la société... capitaliste.

Du reste, des mesures aussi rigoureuses seront excessivement
rares. Délivrées du joug de l'Etat et de l'exploitation capitaliste,
les individus se mettront, de leur propre mouvement libre, à satisfaire les besoins du grand Tout, de la société. Tout se fera par le
moyen de la *libre entente*.

« Eh bien, citoyennes et citoyens, que d'autres préconisent la
« caserne industrielle et le couvent du communisme autoritaire,
« nous déclarons que la *tendance* des sociétés est dans une direc-
« tion opposée. Nous voyons des millions et des millions de
« groupes se constituant librement pour satisfaire à tous les
« besoins variés des êtres humains, — groupes formés, les uns,
« par quartier, par rue, par maison ; les autres se donnant la
« main à travers (!) les murailles des cités, les frontières, les

(1) *La Conquête du Pain*, pp. 201-202.

(2) Ibid. p. 202.

« océans. Tous composés d'êtres humains qui se recherchent
« librement et, après s'être acquittés de leur travail de produc-
« teurs, s'associent, soit pour consommer, soit pour produire les
« objets de luxe, soit pour faire marcher la science dans une
« direction nouvelle. C'est la tendance du XIX⁹ siècle, et nous la
« suivons ; nous ne demandons qu'à la développer librement,
« sans entraves de la part des gouvernements. Liberté à l'indi-
« vidu ! « Prenez des cailloux, disait Fourier, mettez-les dans
« une boîte et secouez-les ; ils s'arrangeront d'eux-mêmes en
« une mosaïque que jamais vous ne parviendriez à faire si vous
« confiiez à quelqu'un le soin de les disposer harmonique-
« ment. » (1).

Un homme d'esprit a dit que la profession de foi des anarchistes
se réduit à ces deux articles d'une loi fantasque :

1° Il n'y aura rien ;

2° Nul n'est chargé de l'exécution de l'article précédent.

Ce n'est pas exact. Les anarchistes disent :

1° Il y aura tout ;

2° Nul ne sera chargé de penser à ce qu'il y ait quoi que ce soit.

C'est un « *idéal* » séduisant, mais dont la réalisation n'est mal-
heusement que peu probable.

Qu'est-ce que cette « libre entente » qui, selon Kropotkine,
existe même dans la société capitaliste ? Je cite à l'appui deux
sortes d'exemples : a) ceux qui se rattachent à la production et à
la circulation des marchandises ; b) ceux qui sont du domaine de
toutes sortes des sociétés d'amateurs : savantes, philanthropi-
ques, etc. (2)

« Prenez toutes les grandes entreprises : le canal de Suez (3), la
« navigation transatlantique, le télégraphe qui relie les deux
« Amériques. Prenez, enfin, cette organisation du commerce qui
« fait qu'en vous levant vous êtes sûrs de trouver le pain chez le
« boulanger..., la viande chez le boucher, et tout ce qu'il vous
« faut dans les magasins. Est-ce l'œuvre de l'État ? Certaine-
« ment, aujourd'hui, nous payons abominablement cher les in-
« termédiaires. Eh bien ! raison de plus pour les supprimer ;
« mais, non pas de croire qu'il faille confier au gouvernement
« le soin de pourvoir à notre nourriture et à notre vête-
« ment. »

Chose remarquable ! Nous avons commencé par faire fi de Marx
qui ne pensait qu'à supprimer la « plus-value » et n'avait aucune
idée de l'organisation de la production, et nous finissons par
réclamer la suppression des profits des « *intermédiaires* » en

____

(1) *L'Anarchie dans l'évolution socialiste* (conférence faite à la salle Lévis), Paris,
1888, pp. 20-21.

(2) Ibid., p. 19.

(3) « Le canal de Suez ! » Pourquoi pas Panama ?

préconisant, quant à la production, le *« laissez faire, laissez passer »* le plus bourgeois. Marx eût pu s'écrier non sans raison : *rira bien qui rira le dernier !*

Nous savons tous ce que c'est que la « libre entente » des entrepreneurs bourgeois, et nous ne pouvons qu'admirer la naïveté *« absolue »* de l'homme qui voit en elle le précurseur du communisme. C'est justement cette « entente » anarchique qu'il faut éliminer pour que les producteurs finissent d'être esclaves de leurs propres produits.

Quant aux sociétés vraiment librement constituées des savants, des artistes, des philanthropes, etc., Kropotkine dit bien lui-même ce que vaut leur exemple. Elles sont « *composées d'êtres humains qui se recherchent librement après s'être acquittés de leur travail de producteurs* ». Quoique ce ne soit point exact, — puisque dans ses sociétés il n'y a pas souvent un seul *producteur*, — cela prouve toujours qu'on *ne peut être libre qu'après avoir réglé sa note avec la production*. La fameuse *tendance du XIXᵉ siècle* ne nous dit donc rien sur la question de savoir comment la liberté illimitée de l'individu pourra s'accorder avec les besoins économiques de la société communiste. Et comme cette « tendance » constitue, à elle seule, tout l'appareil scientifique de notre « penseur anarchiste », force nous est d'en conclure que son appel à la science n'a été qu'une simple phrase, qu'il est, malgré son mépris pour les utopistes, un utopiste des moins ingénieux, un *vulgaire chasseur du « meilleur idéal »*.

La « *libre entente* » fait merveille sinon dans la société anarchiste, qui malheureusement n'existe pas encore, au moins dans leur argumentation.

« La société actuelle étant abolie, les individus n'ayant plus
« besoin de thésauriser pour avoir la certitude de leur len-
« demain, — cela, du reste, leur étant rendu impossible par
« la suppression de toute monnaie ou valeur représentative,
« — ayant la satisfaction de tous leurs besoins, assurée dans
« la société nouvelle, le stimulant des individus n'étant plus
« que cet idéal de tendre toujours vers le mieux, les rela-
« tions d'individus ou de groupes ne s'établissant plus en vue
« de ces échanges où chaque contractant ne cherche qu'à
» *enfoncer* son partenaire (l'entente libre des bourgeois
« dont vient de nous parler Kropotkine, G. P.), les rap-
« ports n'auront plus pour objet que de rendre de mutuels
« services, où l'intérêt particulier n'a plus rien à voir, l'en-
« tente sera rendue facile, les causes de discorde auront
« disparu. » (1).

Demande. — Comment la société nouvelle satisfera-t-elle aux besoins de ses membres ? Comment leur donnera-t-elle la certitude du lendemain ?

Réponse. — Par la libre entente.

(1) J. Grave, *La Société au lendemain de la révolution*, Paris, 1889, pp. 61-62.

D. — La production sera-t-elle possible si elle ne s'appuie que sur la libre entente des individus ?

R. — Parfaitement ! Et, pour vous en convaincre, vous n'avez qu'à *supposer* que le lendemain est certain, que tous les besoins sont satisfaits et, qu'en un mot, la production va très bien grâce à la libre entente.

Quels excellents logiciens que les compagnons, et quel bel idéal, que celui qui n'a d'autre base qu'une *supposition illogique ! Et l'unique base de « l'idéal » des communistes-anarchistes, c'est cette pétition de principe, cette « supposition » de ce qui, justement, est à prouver.* Le compagnon Grave, le « penseur profond », est surtout riche en suppositions. Dès qu'une difficulté se présente, il « *suppose* » qu'elle est déjà résolue, et, alors, tout va pour le mieux, dans le meilleur des idéals.

Le « profond » Grave est moins circonspect que le « savant » Kropotkine. Aussi ce n'est que lui qui réussit à pousser l' « idéal » jusqu'à l'absurde « absolu ». Il se demande, que fera-t-on si, dans « la société, au lendemain de la révolution », il se trouve un papa qui refuse à son enfant *toute instruction*. Le papa est un individu aux droits illimités. Il suit la règle anarchiste : « *fais ce que voudras* ». On n'a donc aucun droit de le mettre à la raison. D'un autre côté, l'enfant peut aussi faire ce qu'il voudra, et il veut apprendre. Comment se tirer de cette collision ? comment résoudre ce dilemme, sans offenser les saintes lois de l'anarchie ? Par une « *supposition* ». « Les rapports (ontre les ci-« toyens G. P.) étant beaucoup plus étendus et beaucoup « plus empreints de fraternité que dans la société actuelle, « basée qu'elle est sur l'antagonisme des intérêts, il s'ensuit « que l'enfant, par ce qu'il verra se passer sous ses yeux, « par ce qu'il entendra journellement, échappera à l'influence « des parents et trouvera toutes les facilités requises pour ac-« quérir les connaissances que ses parents lui refuseraient ; « bien plus, si, se trouvant trop malheureux sous la domi-« nation qu'ils voudraient lui imposer, il les abandonnait « pour aller se mettre sous la protection des individus avec « lesquels il sympathiserait mieux, les parents ne pourraient « mettre à ses trousses les gendarmes pour ramener sous leur « domination l'esclave que maintenant leur accorde la loi. » (1).

Ce n'est pas l'enfant qui s'enfuit de chez ses parents, c'est l'utopiste qui se sauve de la difficulté logique insurmontable. Et cependant son jugement de Salomon parut si profond aux compagnons, qu'il a été cité textuellement par Emile Darnaud, dans son livre « *La Société future* », (Foix, 1890, p. 26) — un livre spécialement destiné à populariser les élucubrations de Grave.

« L'anarchie, le système de non-gouvernement du socialisme, a « une double origine. Elle est un produit des deux grands mou-« vements de l'esprit sur le terrain politique et économique qui « caractérisent notre siècle, surtout sa seconde moitié. D'accord

______

(1) J. Grave. *La Société au lendemain de la Révolution*, p. 99.

« avec tous les socialistes, les anarchistes prétendent que la pro-
« priété privée du sol, du capital et des machines a existé pen-
« dant longtemps, qu'elle est condamnée à disparaître, que tous
« les moyens de production doivent être et seront le bien commun
« de la société, géré par les producteurs de la richesse sociale. Et
« d'accord avec les représentants les plus avancés du radicalisme
« politique ils prétendent que l'idéal de l'organisation politique
« de la société est dans un état des choses où les attributions du
« gouvernement seront réduites à leur minimum et où l'indi-
« vidu recouvrera sa complète liberté d'initiative et d'action pour
« satisfaire aux besoins illimités de l'existence humaine au moyen
« de groupes et de fédérations — librement constitués. »

« Pour ce qui concerne le socialisme, la plupart des anarchis-
« tes adhèrent à sa dernière conclusion, c'est-à-dire à une com-
« plète négation du salariat et au communisme. Quant à l'organi-
« sation politique, par un plus complet développement de la partie
« déjà mentionnée du programme radical, ils aboutissent à cette
« conclusion que le dernier but de la société est la réduction à
« zéro des attributions du gouvernement, c'est-à-dire une société
« sans gouvernement, en un mot l'anarchie. »

« Les anarchistes prétendent, en outre, que puisque tout cela
« est l'idéal de l'organisation sociale et politique, ils ne doivent
« pas remettre sa réalisation aux siècles futurs, mais que les seu-
« les transformations vivifiantes et heureuses pour la communauté
« sont celles qui s'accordent avec le double idéal dont nous avons
« parlé et qui s'en rapprochent. » (1).

Kropotkine nous révèle ici, d'une façon admirablement claire,
l'*origine* et la *nature* de son « idéal ». Cet idéal, comme celui de
Bakounine, est vraiment *double ;* il est vraiment né du commerce
du radicalisme bourgeois, ou plutôt du Manchesterianisme et du
communisme, comme Jésus est né du commerce du Saint-Esprit
avec la vierge Marie. Les deux natures de l'idéal anarchiste sont
aussi difficiles à concilier que les deux natures du fils de Dieu.
Mais l'une de ces natures prend évidemment le dessus sur l'autre.
Les anarchistes « *veulent* commencer par réaliser immédiatement
ce que Kropotkine appelle « le but ultime de la société » (*the
ultimate aim of Society*), c'est-à-dire par détruire l'*État*. Leur
point de départ est toujours *la liberté* illimitée de l'individu. Le
Manchesterianisme avant tout, le *communisme* ne vient qu'a-
près (2). Mais, pour nous rassurer sur le sort probable de cette
seconde nature de leur idéal, les anarchistes chantent sans cesse
louange de la sagesse, de la bonté et de la prévoyance de l'homme
« *futur* ». Il sera si parfait qu'il saura sans doute organiser la
production communiste. Il sera si parfait, qu'on se demande, en
l'admirant, pourquoi l'on ne pourrait pas lui confier un peu d'« *autorité* » ?

(1) Anarchist communism., p. 3.
(2) L'anarchia è il funzionomento armonico di tutte le antonomie, risolventesi nella eguaglianza totala delle condizioni umane : L'anarchia nella scienza e nell'evoluzione (Traduzione dallo Spagnuolo), Prato (Toscana), 1892, p. 26.

La soi-disant Tactique Anarchiste, leur Morale.

Les anarchistes sont des utopistes. Leur point de vue n'a rien de commun avec celui du socialisme scientifique moderne.

Mais il y a utopies et utopies. Les grands utopistes de la première moitié de notre siècle étaient des hommes de génie ; ils poussaient en avant la science sociale qui, de leur temps, se tenait encore tout entière sur le point de vue utopiste. Les utopistes de nos jours, les anarchistes, sont des *abstracteurs de quintessence* qui ne savent que tirer, tant bien que mal, quelques pauvres conclusions de quelques principes momifiés. Ils n'ont rien à faire avec la science sociale qui, dans sa marche en avant, les a distancés au moins d'un demi-siècle. Leurs « *penseurs profonds* », leurs « *hauts théoriciens* » ne réussissent même pas à réunir les deux bouts de leur propre raisonnement. Ce sont *les utopistes-décadants*, frappés d'une anémie intellectuelle incurable. Les grands utopistes firent beaucoup pour le développement du mouvement ouvrier. Les utopistes de nos jours ne font que retarder ses progrès. Et c'est surtout leur *soi-disant tactique* qui nuit au prolétariat.

Nous savons déjà que Bakounine interprétait les statuts de l'Internationale dans ce sens que la classe ouvrière doit renoncer à toute action politique et concentrer ses efforts sur le domaine de la lutte « *immédiatement économique* » pour l'augmentation des salaires, la diminution de la journée de travail, et ainsi de suite. Bakounine sentait lui-même qu'une pareille tactique est peu révolutionnaire. Il essaya de la compléter par l'action de son Alliance ; il préconisait « *l'émeute* ». Dans leurs rêves d'émeutes et même de révolution, les anarchistes brûlent avec passion et délice les titres de la propriété et toute la peperasse gouvernementale. C'est surtout Kropotkine qui attribue une énorme importance à ces *auto-da-fé*. On dirait un *bureaucrate révolté !*

Mais plus la conscience de classe du prolétariat se développe, et plus il se penche du côté de l'action politique én laissant de côté les *émeutes, si fréquentes du temps de son enfance*. Il est plus difficile de pousser à une *émeute* les ouvriers de l'Europe occidentale, arrivés à un certain degré du développement politique, que les paysans russes, par exemple , crédules et ignorants. Le prolétariat ne goûtant point la tactique des émeutes , force était aux « compagnons » de la remplacer par *l'action individuelle*. C'est surtout après la tentative insurrectionnelle de *Benevento*, en Italie 1877, que les bakounistes se mirent à glorifier la *propagande par le fait* ; mais si nous jetons un coup d'œil rétrospectif sur le temps qui nous sépare de la tentative de Benevento, nous verrons que cette propagande a pris une tournure toute spéciale : très peu d'émeutes , et des émeutes tout à fait insignifiantes ; beaucoup d'attentats personnels contre les édifices publics, contre les personnes et même contre la propriété... « *individuellement héréditaire* ». Il ne pouvait en être autrement.

« Nous avons déjà vu de nombreuses révoltes du peuple, qui voulait obtenir des réformes urgentes — dit *Louise Michel* interviewée par un correspondant du « *Matin* » à propos de l'attentat de *Vaillant*. — Qu'est-il arrivé? On a fusillé le peuple. Eh bien ! nous trouvons que le peuple a été assez saigné ; il vaut mieux que des gens de cœur se sacrifient et commettent, à leur propre risque, ces actes de violence qui ont pour but de terroriser gouvernement et bourgeois (1). »

C'est ce que nous venons de dire, quoique en termes un peu différents. Louise Michel a oublié de dire que les révoltes, occasionnant la saignée du peuple, figuraient en tête du programme des anarchistes jusqu'à ce que ceux-ci se persuadèrent non pas que les soulèvements partiels ne servent en aucune façon la cause des travailleurs, mais que les travailleurs, dans la plupart des cas, ne veulent point entendre parler de ces révoltes.

L'erreur a sa logique comme la vérité. Dès que vous niez l'action politique de la classe ouvrière, vous arrivez fatalement, pour peu que vous ne vouliez pas servir les politiciens bourgeois, à accepter la tactique des Vaillant et des Henry. Les soi-disant *jeunes* du parti socialiste allemand le prouvent par leur propre exemple. Ils commencèrent par attaquer le « *parlementarisme* » et, à la tactique « *réformiste* » des « *vieux* » ils opposèrent... sur le papier, bien entendu, la lutte « *révolutionnaire* », lutte purement « économique ». Mais cette lutte, en se développant naturellement, doit inévitablement amener le passage du prolétariat sur l'arène de la lutte politique. Ne voulant pas revenir juste au point de départ de leur négation, les « jeunes » préconisaient, pendant un certain temps, ce qu'ils appelaient les *démonstrations politiques*, une nouvelle espèce des vieilles « *émeutes* » bakounistes. Comme les émeutes, de quelque nom qu'on les baptise, arrivent toujours trop tard pour les fougueux « révolutionnaires », il ne resta aux jeunes qu'une seule voie pour marcher « en avant », c'était de se convertir à l'anarchie et de propager... *par la langue*, la propagande *par le fait*. Le langage des « *jeu-*

(1) Reproduit dans le « *Peuple* » de Lyon, 20 décembre 1893.

nes » *Sandaner* et compagnie est déjà aussi « révolutionnaire »
que celui des anarchistes les plus « *vieux* ».

> N'ai que du mépris pour la raison et la science
> La plus grande force de l'homme,
> Laisse-toi dans l'éblouissement et la sorcellerie
> Dominer par l'esprit de mensonge ;
> Ainsi tu m'appartiendras tout entier (1).

Quant aux sorcelleries, elles sont innombrables dans l'argumentation des anarchistes contre l'activité politique du prolétariat. Ici 'a précipitation devient un véritable ensorcellement. Ainsi Kropotkine tourne contre les social-démocrates leur propre arme : *la conception matérialiste de l'histoire.*

« A chaque nouvelle phase de la vie économique, assure-t-il,
« correspond une nouvelle phase politique. La monarchie absolue,
« le gouvernement de la cour, correspond au système du servage,
« le gouvernement représentatif à la domination du capital. Mais
« tous deux sont des gouvernements de classe. Dans une société,
« au contraire, où la différence entre capitaliste et prolétaire aura
« disparu, il n'est pas besoin d'un pareil gouvernement ; ce serait
« un anachronisme. » (2).

Si les social-démocrates lui disaient qu'ils savent cela au moins aussi bien que lui, Kropotkine répondrait que c'est possible, mais qu'alors, ils ne veulent pas tirer de ces *prémisses* une *conclusion* logique. Lui, Kropotkine, est un bon logicien. Puisque la constitution politique de chaque pays est déterminée par sa structure économique, raisonne-t-il, l'action politique des socialistes est un non-sens absolu.

« Vouloir arriver au socialisme ou même (!) à la révolution agraire en passant par une révolution politique, c'est de la plus pure utopie, parce que l'histoire tout entière démontre que les changements politiques découlent des grandes révolutions économiques, et non pas au contraire (3). »

Le meilleur géomètre du monde a-t-il jamais produit quelque chose de plus rigoureux que cette démonstration ?

En s'appuyant sur cette base inébranlable, Kropotkine conseille aux révolutionnaires russes de renoncer à leur lutte politique contre le *czarisme*. Ils doivent poursuivre un but *immédiatement économique.* « L'émancipation des paysans russes du joug du servage qui pèse sur eux jusqu'à présent est donc la première tâche du révolutionnaire russe. En travaillant sur ce terrain, il travaille directement et immédiatement au profit du peuple et il

---

(1) Verachte nur Vernunft und Wissenschaft,
Des Menschen allerhöchste Kraft
Lass nur in Blend-und Zauberwerken
Dich von dem Lügengeist bestärken ;
So habe ich Dich schon unbedingt...

(2) *The anarchist Communism*, p. 8.

(3) Préface de Kropotkine à l'édition russe de l'opuscule de Bakounine : « *La Commune de Paris et la notion de l'État* », Genève, 1892, p. 7.

prépare, en outre, l'affaiblissement du pouvoir centralisé de l'Etat et sa limitation (1). »

Ainsi, l'émancipation des paysans aura préparé l'affaiblissement du czarisme russe. Mais comment émanciper les paysans avant d'avoir renversé le czarisme? Mystère absolu ! Un véritable prodige qu'une pareille émancipation ! Le vieux *Liscow* a eu bien raison de dire : « Il est plus facile et naturel d'écrire avec les doigts que d'écrire avec la tête ».

Quoi qu'il en soit, toute la politique de la classe ouvrière doit se résumer dans ce peu de mots : *A bas la politique! Vive la lutte immédiatement économique!* C'est du bakounisme, mais c'est du bakounisme perfectionné. Bakounine lui-même poussait les ouvriers à lutter pour la réduction de la journée de travail et pour l'augmentation des salaires. Les communistes-anarchistes de nos jours cherchent « à faire comprendre aux travailleurs qu'ils n'ont rien à gagner à ces amusettes et que la société n'est transformable qu'à condition de détruire les institutions qui la régissent (2) ». L'augmentation des salaires est inutile : « l'Amérique du Nord, l'Amérique du Sud, ne sont-elles pas là pour nous prouver que, partout où l'ouvrier est arrivé à se faire payer de forts salaires, les objets de consommation ont augmenté proportionnellement et que s'il est parvenu à se faire payer vingt francs par jour, il lui en faudrait vingt-cinq pour vivre, comme peut vivre un ouvrier *gagnant bien sa vie*, de sorte qu'il a toujours été au-dessous de la moyenne (3) ». La réduction de la journée du travail est au moins superflue parce que le capital se rattrapera sur « l'intensification systématique du travail » à l'aide des machines perfectionnées. C'est Marx, lui-même, qui démontre cela on ne peut plus clairement (4).

Nous savons, grâce à Kropotkine, que l'idéal anarchiste a une double origine. Une double origine ont aussi toutes les « démonstrations » des anarchistes. D'un côté, elles sont puisées aux vulgaires manuels d'économie politique écrits par des économistes bourgeois les plus vulgaires : exemple, dissertation de Grave sur les salaires à laquelle Bastiat aurait applaudi avec transport. D'un autre côté, les compagnons, en se souvenant de l'origine un peu « communiste » de leur idéal, s'adressent à Marx et le citent sans l'avoir compris. Déjà Bakounine était sophistiqué par le marxisme. Les anarchistes modernes, à commencer par Kropotkine, le sont encore plus.

L'ignorance de Grave, le profond penseur, est bien remarquable en général ; mais elle surpasse toutes les limites du probable en matière d'économie politique ; ici elle n'égale que celle du savant géologue Kropotkine qui dit des monstruosités chaque fois

<hr>

(1) Ibid., la même page.
(2) J. Grave. *La Société mourante et l'anarchie*, p. 253.
(3) Ibid., p. 249.
(4) Ibid., pages 250-251.

qu'il aborde une question économique. Nous regrettons beaucoup que le manque d'espace ne nous permette pas de divertir nos lecteurs par le spectacle de l'économie politique anarchiste. Qu'ils se contentent de ce que Kropotkine leur a enseigné sur la « *plus-value* » et *Marx*.

Tout cela serait ridicule, si ce n'était trop triste, comme dit le poète russe *Lermontoff*.

En effet, c'est triste. Chaque fois que le prolétariat fait un effort pour apporter une amélioration quelconque à sa situation économique, des « gens de cœur », qui prétendent l'aimer d'un tendre amour, accourent de tous côtés, et, en s'appuyant sur leurs syllogismes boiteux, tâchent d'enrayer son mouvement, se mettent en quatre pour lui prouver que ce mouvement est inutile. C'est ce que nous avons vu, par exemple, à propos de la journée de huit heures que les anarchistes combattaient partout où ils le pouvaient avec un zèle digne d'un meilleur sort. Si le prolétariat passe outre, s'il continue à poursuivre son but « *immédiatement économique* » — et c'est ce qu'il a l'heureuse habitude de faire — les mêmes « gens de cœur » reparaissent munis de bombes et donnent au gouvernement le désiré et recherché prétexte de tomber sur lui. C'est ce que nous avons vu à Paris le 1er mai 1890 ; c'est ce que nous voyons souvent pendant les grèves. Braves gens que ces « gens de cœur » ! Et dire que parmi les ouvriers eux-mêmes, il y a des hommes naïfs qui considèrent comme leurs amis ces personnages qui sont en réalité les ennemis les plus dangereux de leur cause.

Un anarchiste ne veut point de « *parlementarisme* », puisque celui-ci ne fait qu'*endormir* le prolétariat ; il ne veut point de « *réformes* », puisque les réformes sont autant de compromis avec les classes possédantes ; il veut *la révolution*, une révolution *pleine, entière, immédiate* et *immédiatement économique*. Pour arriver à ce but, il se munit d'une marmite remplie de matières explosibles et il la lance contre le public d'un théâtre ou d'un café. Il prétend que c'est de la « *révolution* » ; pour nous, nous n'y voyons que de la folie « *immédiatement* » *furieuse*.

Il va sans dire que les gouvernements bourgeois, tout en sévissant contre les auteurs des attentats, n'ont qu'à se féliciter de leur tactique. *La société est en danger ! Caveant consules !* Et les « consuls » policiers d'agir, et l'opinion publique d'applaudir à toutes les mesures réactionnaires que les ministres inventent pour sauver la société.

Déjà Napoléon III se payait de temps en temps un attentat pour sauver une fois de plus la société menacée par les ennemis de l'ordre. Les propres aveux du très malpropre Andrieux (1), les

(1) Les compagnons cherchaient un bailleur de fonds, mais l'infâme capital ne mettait aucun empressement à répondre à leur appel. Je poussais par les épaules l'infâme capital, et je parvins à lui persuader qu'il était de son intérêt de favoriser la publication d'un journal anarchiste... Ne croyez pas d'ailleurs, que j'offris brutalement aux anarchistes les encouragements du préfet de police. J'envoyai un bourgeois bien vêtu trouver un des plus actifs et des plus intelligents d'entr'eux. Il expliqua qu'ayant acquis quelque fortune

faits et gestes des agents provocateurs allemands et autrichiens, les révélations récentes sur l'attentat contre le parlement à Madrid, etc., prouvent jusqu'à l'évidence que les gouvernements actuels tirent un profit énorme de la tactique des « compagnons », et que la besogne des terroristes en uniforme serait beaucoup plus pénible si les anarchistes ne mettaient tant d'empressement à la faciliter.

Aussi, la presse réactionnaire et conservatrice a toujours témoigné aux anarchistes une sympathie mal déguisée, et regretté que les socialistes conscients de leur but ne veuillent avoir rien de commun avec eux. « Ils les chassent comme de pauvres chiens », s'apitoyait « *le Figaro* » de Paris à propos de l'expulsion des compagnons du Congrès de Zurich (1).

Un anarchiste est un homme qui, — s'il n'est pas mouchard, — est condamné à atteindre, toujours et partout, juste le contraire de ce qu'il tâche d'atteindre.

« Envoyer des ouvriers dans un Parlement, disait Bordat, devant le tribunal de Lyon, en 1883, c'est agir comme une mère qui conduirait sa fille dans un lieu de prostitution ». C'est donc aussi au *nom de la morale* que les anarchistes repoussent l'action politique. Mais où arrivent-ils avec leur peur de la corruption parlementaire ? *A l'apologie du vol* (« Mets l'argent dans ta poche », écrivait *Most* dans sa « Freiheit », déjà, en 1880), aux exploits des Duval et des Ravachol qui commettent au nom de la « *cause* » les crimes les plus vulgaires et les plus dégoûtants. L'écrivain russe, *Herzen*, raconte quelque part, qu'étant arrivé dans une petite ville d'Italie, il n'y rencontrait que des prêtres et des bandits, et qu'il se trouvait perplexe, ne pouvant pas deviner lesquels étaient les prêtres et lesquels les bandits. C'est le cas de tout homme impartial de nos jours : comment voulez-vous qu'il devine où finit le compagnon et où commence le bandit ? Les anarchistes eux-mêmes n'y réussissent pas toujours, comme le prouvent les controverses que fit naître, dans leur milieu, l'affaire de Ravachol. Aussi les meilleurs d'entr'eux, ceux dont l'honnêteté est tout à fait incontestable, chancellent sans cesse dans leurs jugements sur la « *propagande par le fait.* »

« Condamner la propagande par le fait ? dit Elisée Reclus. Mais quelle est donc cette propagande, sinon le bien et l'amour

dans le commerce de la droguerie, il désirait consacrer une partie de ses revenus à favoriser la propagande socialiste. Ce bourgeois qui voulait être mangé n'inspira aucune suspicion aux compagnons. Par ses mains je déposai un cautionnement dans les caisses de l'Etat et le journal la *Révolution sociale* fit son apparition. C'était un journal hebdomadaire, ma. générosité de droguiste n'allant pas jusqu'à faire les frais d'un journal quotidien. Voir les « *Souvenirs d'un Préfet de police* » (Jules Rouff et Cie, éditeurs, Paris, 1885, t. 1, p. 337 et suivantes)

(1) En passant. c'est au nom de la liberté de la parole que les anarchistes réclament d'être admis aux Congrès socialistes. Voilà pourtant l'opinion du Moniteur français de l'anarchie, sur les Congrès : « Les anarchistes peuvent se féliciter que quelques-uns des leurs aient été au Congrès de Troyes. Autant un Congrès anarchiste est absurde, sans motif et sans but, autant il est logique de profiter des Congrès socialistes pour y aller développer ses idées. » (*La Révolte*, du 6 au 12 janvier 1889). Ne pouvons-nous pas, *aussi, au nom de la liberté*, prier les compagnons de nous laisser tranquilles ?

de l'humanité prêchés par l'exemple? Ceux qui dénomment « propagande par le fait » des actes violents prouvent qu'ils n'ont pas compris la signification de cette expression. L'anarchiste qui comprend son rôle, au lieu de massacrer un personnage quelconque, s'efforcera exclusivement de le rallier à ses opinions et d'en faire un adepte qui, à son tour, fera de la propagande par le fait en se montrant bon et juste pour tous ceux qu'il rencontrera. » (1)

Nous ne demanderons pas qu'est-ce qu'il reste d'un anarchiste qui divorce avec la tactique des attentats. Nous prions seulement le lecteur de considérer les lignes suivantes :

L'éditeur du « Sempre Avanti » (Toujours en avant) écrit à Elisée Reclus et lui demande sa véritable opinion sur Ravachol. Reclus répondit : « J'admire son courage, sa bonté de cœur, sa « grandeur d'âme, la générosité avec laquelle il a pardonné à ses « ennemis. Je connais peu d'hommes qui le surpassent en géné- « rosité. Je passe sur la question de savoir jusqu'à quel point il « est toujours désirable de pousser à l'extrême son propre droit, « et si d'autres considérations dictées par un sentiment de soli- « darité humaine ne doivent pas le faire fléchir. Mais je n'en suis « pas moins de ceux qui reconnaissent en Ravachol un héros « d'une rare grandeur d'âme. » (2)

Cela ne rime pas du tout avec la déclaration ci-dessus citée, et cela prouve d'une façon irrécusable que le citoyen Reclus chancelle, qu'il ne sait pas précisément où finit son « compagnon », et où commence le bandit.

Le problème est d'autant plus difficile à résoudre qu'il y a pas mal d'individus qui sont « bandits » et anarchistes en même temps. Ravachol n'est point une exception. Chez les anarchistes Ortiz et Chiericotti, arrêtés récemment à Paris, on a trouvé une masse énorme d'objets provenant de vol. Et ce n'est pas seulement en France qu'a lieu ce cumul des métiers apparemment bien différents. Il suffit de se rappeler les Autrichiens *Kammerer* et *Stellmacher*.

Kropotkine s'efforce de nous faire croire que la morale anarchiste, une morale sans obligation, ni sanction, étrangère à tout calcul utilitaire, est la même que la morale naturelle du peuple, la « morale par habitude » de bien faire (3). La morale des anarchistes est celle des raisonneurs qui apprécient toute action humaine au point de vue abstrait des droits illimités de l'individu, et qui, au nom de ces droits, déclarent non coupables les violences les plus atroces, l'arbitraire le plus révoltant. « *Qu'importent les victimes*, — s'écria le soir même de l'attentat de Vaillant, au

(1) Voir, dans l' « *Etudiant socialiste* », de Bruxelles, n° 6, de 1894, la reproduction d'une déclaration faite par E. Reclus à un « Monsieur » qui le questionna sur les attentats anarchistes.

(2) « *Tiventhieth Century, a radical weekly magazine* », New-York, septembre 1892, page 15.

(3) Voir son « *Anarchist communism* », pages 34-35 ; son « *Anarchie dans l'évolution socialiste* », pages 24-25 ; sa « *Morale anarchiste* », dans divers endroits.

banquet de « *la Plume* », le poète anarchiste. *Laurent Tailhade*, — *si le geste est beau ?* »

Tailhade est un décadent qui, par cela même qu'il est *blasé*, a le courage de son opinion anarchiste. En effet, les anarchistes combattent la démocratie puisque la démocratie n'est, selon eux, que la tyrannie de la *majorité* vis-à-vis de la *minorité*. La majorité n'a aucun droit d'imposer son vouloir à la minorité. Mais si cela est ainsi, au nom de quel principe moral les anarchistes se révoltent-ils contre la *bourgeoisie ?* Serait-ce parce qu'elle n'est pas une *minorité ?* Ou parce qu'elle ne fait pas ce qu'elle *veut ?*

Fais ce que voudras, proclament les anarchistes. La bourgeoisie veut exploiter le prolétariat, et elle le fait très bien. Elle suit le précepte anarchiste, et les compagnons ont bien tort de se plaindre de sa conduite. Ils deviennent tout à fait ridicules quand ils la combattent au nom de ses victimes. « *Qu'importe la mort des vagues humanités,* — continue le logicien anarchiste Tailhade, — *si, par elle, s'affirme l'individu ?* » Voilà la vraie morale des anarchistes, c'est celle des têtes couronnées : *sic volo ! sic jubeo !* (1)

Ainsi : *au nom de la Révolution, les anarchistes servent la cause de la réaction; au nom de la morale, ils approuvent les actes les plus immoraux; au nom de la liberté individuelle, ils foulent aux pieds tous les droits de leurs semblables.*

Et c'est justement à cause de cela que toute la doctrine anarchiste se brise contre sa propre logique, si le premier énergumène venu peut, *parce que tel est son bon plaisir*, tuer autant d'hommes qu'il veut, la société composée d'un nombre immense d'individus, peut bien le mettre à la raison *parce que tel est non pas son caprice, mais son devoir, parce que telle est la* conditio *sine qua non de son existence.*

DERNIER CHAPITRE

Conclusion. La bourgeoisie, l'anarchisme et le socialisme.

Le « père de l'anarchie », l' « immortel » Proudhon, se moquait amèrement des gens pour lesquels la révolution se réduit à des actes violents, à des coups échangés, à du sang versé. Les descendants du « père », les anarchistes modernes, entendent la révolution exclusivement de cette façon brutalement enfantine. Tout ce qui n'est pas violence est une trahison à la cause, un

(1) Nous avons appris par les journaux que Tailhade avait été blessé par une explosion dans le restaurant *Foyot*. La dépêche (*La Tribune de Genève*, le 5 avril 1894) disait : « M. Tailhade ne cesse de protester contre les théories anarchistes qu'on lui prête. Un interne lui ayant rappelé ses articles et la fameuse phrase citée plus haut, M. Tailhade garde le silence et réclame du chloral pour calmer ses souffrances. »

compromis malpropre avec l' « autorité » (1). La bourgeoisie, effarée, ne sait plus qu'entreprendre contre eux. Dans le domaine de la théorie elle est absolument impuissante vis-à-vis des anarchistes. Ce sont ses propres enfants terribles. Elle fut la première à propager la théorie du « laissez-faire », l'individualisme échevelé. Son philosophe le plus éminent d'aujourd'hui, *Herbert Spencer*, n'est qu'un *anarchiste conservateur*. Ses « compagnons » sont des gens actifs et remuants qui poussent jusqu'au bout la logique des bourgeois.

Les magistrats de la république bourgeoise ont condamné Grave à la prison, et son livre, « *La société mourante et l'anarchie* », à la destruction. Les gens de lettres bourgeois déclarèrent ce livre piteux une œuvre profonde et son auteur une rare intelligence.

Et non seulement la bourgeoisie n'a point d'arme théorique (2) pour combattre les anarchistes, elle voit sa jeunesse s'éprendre de leur doctrine. Dans cette société rassasiée et pourrie jusqu'à la moelle des os, où toutes les croyances sont mortes depuis longtemps, où toutes les opinions sincères paraissent ridicules, dans ce monde où l'on s'ennuie, où, après avoir goûté de toutes les jouissances, on ne sait plus à quelle fantaisie, à quel excès demander des sensations nouvelles, il y a des gens qui prêtent une oreille bienveillante aux chants de la sirène anarchiste. Parmi les « compagnons » de Paris, il y a déjà pas mal de gens très « *comme il faut* », des élégants qui, comme dit l'écrivain français *Raoul Allier*, ne se permettent de porter que des souliers vernis et qui ornent leur boutonnière d'un dahlia avant de se rendre à des réunions. Des écrivains et des artistes décadents se convertissent à l'anarchie et propagent sa théorie dans des revues comme le *Mercure de France*, la *Plume*, etc. Cela est très compréhensible. On devrait s'étonner si l'anarchisme doctrine essentiellement bourgeoise n'avait pas trouvé d'adeptes dans la bourgeoisie française, la plus blasée de toutes les bourgeoisies.

En s'emparant de la doctrine anarchiste, les écrivains décadents fin de siècle lui rendent son vrai caractère de l'individualisme bourgeois. Si Kropotkine et Reclus parlent au nom de l'*ouvrier* opprimé par le capitaliste, la *Plume* et le *Mercure de France* parlent au nom de l'*individu* qui cherche à se débarrasser de toutes les entraves de la société pour faire enfin librement ce qu'il « veut ». C'est ainsi que l'anarchisme revient à son point de départ : *Stirner* disait : « Il n'y a rien au-dessus de moi » ; *Laurent Tailhade* dit :

(1) Il est vrai que les hommes comme Reclus n'approuvent pas toujours une pareille notion de la révolution. Mais, encore une fois, qu'est-ce qu'il reste d'un anarchiste qui renie *la propagande par le fait ? Un bourgeois rêveur et sentimental*, pas autre chose.

(1) Pour se faire une idée de la faiblesse des théoriciens et des hommes politiques bourgeois dans leur lutte contre les anarchistes, il suffit de lire les articles de C. Lombroso et de A. Bérard, dans la *Revue des Revues*, 15 février 1894, ou l'article de J. Bourdeau, dans la *Revue de Paris*, 15 mars 1894. Ce dernier ne sait qu'en appeler à la *nature humaine* qui, croit-il, « ne va pas changer grâce aux brochures de Kropotkine et aux bombes de Ravachol. »

« *Qu'importe la mort de vagues humanités, si, par elles, s'affirme l'individu.* »

La bourgeoisie ne sait plus où donner de la tête : « Moi, qui ai tant combattu pour le positivisme, gémit Emile Zola, eh bien ! oui, après trente ans de lutte, je me sens ébranlé dans mes convictions. La foi religieuse eût empêché de telles théories de se propager : mais n'a-t-elle pas à peu près disparu aujourd'hui ? Qui nous donnera un idéal nouveau ? »

Hélas, messieurs, il n'y a point d'idéal pour les cadavres ambulants que vous êtes ! Vous essayerez de tout, vous vous ferez boudhistes; druides, sârs, mages, chaldéens, kabbalistes, isistes (1) ou anarchistes — ce qui vous convient le mieux — vous resterez ce que vous êtes maintenant, des êtres sans foi ni loi, *des sacs vi·tés par l'histoire.* L'idéal des bourgeois a vécu.

Pour nous, social-démocrates, nous n'avons pas à nous effrayer de la propagande anarchiste. Enfant de la bourgeoisie, l'anarchisme n'aura jamais une influence sérieuse sur le prolétariat. Si, parmi les anarchistes, il y a des ouvriers qui veulent sincèrement le bien de leur classe et qui se sacrifient à ce qu'ils croient être la bonne cause, ce n'est que grâce à un malentendu qu'ils se trouvent dans ce camp. Ils ne connaissent la lutte pour l'émancipation du prolétariat que sous la forme que s'efforçent de lui donner les ʃanarchistes. ¡Mieux éclairés, ils viendront chez nous.

Voici un exemple pour preuve. Au procès des anarchistes, à Lyon 1883, l'ouvrier *Desgranges* raconta comment il était devenu anarchiste, lui qui avant prenait part au mouvement politique et avait même été élu, en novembre 1870, conseiller municipal à Villefranche : « En 1881, au mois de septembre, lorsque la grève des ouvriers teinturiers de Villefranche se déclara, je fus nommé secrétaire de la commission exécutive, et c'est pendant cet événement mémorable... que je fus convaincu de la nécessité de supprimer l'autorité, car, qui dit autorité, dit despotisme. —¡Dans cette grève où les patrons refusèrent de discuter avec les ouvriers, que fit l'administration préfectorale et communale pour régler ce différend? Cinquante gendarmes, le sabre au poing, furent chargés de trancher la question. Voilà ce qu'on appelle les moyens pacifiques qu'emploient les gouvernants. C'est donc à la suite de cette grève que quelques travailleurs, parmi lesquels je me trouvais, comprirent la nécessité d'étudier sérieusement les questions économiques et, pour cela, on conçut l'idée de se réunir le soir pour étudier ensemble » (2). Inutile d'ajouter que ce groupe devint anarchiste. ·

Voilà donc comment la chose se passe. Un ouvrier actif et intelligent appuie le programme d'un parti bourgeois quelconque. Les

(1) Partisans du culte d'*Isis*.

(2) Voir le procès des anarchistes devant la police correctionnelle et la cour d'appel de Lyon, Lyon 1883, pp. 90-91.

bourgeois parlent du bien du peuple travailleur, mais ils le trahissent à la première occasion qui se présente. L'ouvrier, qui croyait à la sincérité de ces messieurs, s'indigne, il veut se séparer d'eux, il se décide à étudier sérieusement « les questions économiques ». Un anarchiste survient et, lui rappelant la trahison des bourgeois et les sabres des gendarmes, l'assure que la lutte politique n'est qu'une blague bourgeoise et que, pour émanciper les travailleurs, il faut y renoncer, en se donnant pour objectif la destruction de l'État. L'ouvrier, qui commençait seulement à étudier sa situation, est d'avis que le compagnon a raison, et le voilà anarchiste convaincu et dévoué. Qu'arriverait-il s'il eût poussé un peu plus loin son étude des questions sociales, s'il eût compris que le compagnon n'est qu'un ignorant prétentieux, qu'il divague, que son « idéal » ne tient pas debout, qu'en dehors de la *politique bourgeoise* il y a, opposée à celle-là, la *politique des prolétaires* qui mettra fin à l'existence de la société capitaliste ? Il serait devenu *un social-démocrate*.

Ainsi, plus nos idées se répandront dans le milieu ouvrier, — et elles s'y répandent toujours de plus en plus, — et moins les prolétaires seront disposés à suivre les compagnons. De plus en plus l'anarchisme se transformera — abstraction faite des cambrioleurs « instruits », — en une espèce de sport bourgeois destiné à procurer de *fortes sensations* à des « individus » qui ont eu trop de plaisirs mondains et demi-mondains.

Et quand le prolétariat sera maître de la situation, il n'aura qu'à froncer les sourcils pour calmer tous les compagnons, même les plus « *beaux* », il n'aura qu'à souffler pour faire disparaître la poussière anarchiste.

G. PLÉKANOFF.

LE DEVENIR SOCIAL

REVUE INTERNATIONALE

De Philosophie, d'Histoire et de Science sociale

« Le mode de production de la vie matérielle
domine, en général, le développement de la vie
sociale, politique et intellectuelle. »
KARL MARX (*Le Capital*)

ABONNEMENT ANNUEL :

FRANCE : **18 fr.** — UNION POSTALE : **20 fr.**

PARIS

V. GIARD & E. BRIÈRE

LIBRAIRES-ÉDITEURS

16, rue Soufflot, 16

GROUPE DES ÉTUDIANTS COLLECTIVISTES

(Adhérent à l'Agglomération Parisienne du Parti Ouvrier français)

Siège Social : 36, rue de la Montagne-Sainte-Geneviève

PUBLICATIONS PARUES :

N° 1. **Jean Jaurès** et **Paul Lafargue**. — L'Idéalisme et le Matérialisme dans la conception de l'Histoire (*Épuisé*).   0'40

N° 2. **Gabriel Deville**. — L'État et le Socialisme.........   0 25

N° 3. **Georges Plekhanoff**. — Anarchisme et Socialisme..   0 30

Pour paraître prochainement :

N° 4. **Jean Jaurès**. — La Théorie Marxiste de la Valeur.

N° 5. Enquête sur le Prolétariat intellectuel.

Principales Conférences organisées par le Groupe au Quartier Latin :

Jean Jaurès. — Le Matérialisme économique.

Vandervelde. — Le Mouvement Socialiste en Belgique.

Jean Jaurès. — L'Idéalisme de l'Histoire.

Paul Lafargue. — L'Idéalisme et le Matérialisme dans la conception de l'histoire (*Réponse à Jean Jaurès*).

Gabriel Deville. — L'État et le Socialisme.

Marcel Sembat. — Herbert Spencer et la Méthode Sociologique.

A. Millerand. — L'Évolution Socialiste.

Vandervelde. — La Question agraire en Belgique.

Etc., Etc.

Prochainement, CONFÉRENCES des Citoyens :

Jean Jaurès — **Paul Lafargue** — **Jules Guesde**, etc., etc.

En janvier 1897,

le citoyen JAURÈS exposera la **Théorie Marxiste de la Valeur**

9 782016 143858